AF549635

Thüringen

Land, Leute und Küche

Thüringen

Land, Leute und Küche

tosa

Inhalt

Vorwort

Berglandschaften, malerische Wiesen und Wälder sowie Naturparks und Biosphärenreservate – all das und noch mehr hat die wunderschöne Natur von Thüringen zu bieten. Das grüne Herz Deutschlands wartet außerdem mit einer Vielzahl von Gewässern auf – darunter Bäche, Flüsse, Seen und Talsperren. Wer Thüringen besucht, merkt schnell, dass die Region im Osten Deutschlands vielschichtig ist. Hier treffen Geschichte, Architektur und Tradition auf modernen Lebensstil sowie Kunst und Kultur. All das gepaart mit einer Atmosphäre, die zu jeder Jahreszeit ihren gewissen Reiz versprüht, macht Thüringen zu einem spannenden Umfeld, in dem es viel zu erleben gibt.

Auf einer Tour durch Thüringen kann man sich von dem Flair mittelalterlicher Städte wie Arnstadt verzaubern lassen. In der Landeshauptstadt Erfurt und der nicht minder bekannten Stadt Weimar kann man außerdem auf den Spuren von Johann Wolfgang von Goethe, Friedrich Schiller, Johann Sebastian Bach und Martin Luther wandeln.

Doch nicht nur kulturell, sondern auch kulinarisch ist in Thüringen so einiges los. Wer deftige Gerichte mag, wird die ostdeutsche Küche lieben. Allem voran die Thüringer Rostbratwurst, welche sich weit über der Grenzen der Region hinaus einen Namen gemacht hat. Doch auch an Gaumenfreuden, wie Röstbrätel, Sauerbraten und den allseits berühmten Thüringer Klößen, kommt man hier nicht vorbei.

Ob Kultur, Kulinarisches oder atemberaubende Natur – Thüringen vereint all das. In dieser Region sind spannende Momente garantiert und es wird nie langweilig.

Wenn nicht anders angegeben, sind sämtliche Rezepte in diesem Buch für 4 Personen berechnet.

Krämerbrücke, Erfurt

Das ist Thüringen

Lage:	in der Mitte Deutschlands
Bevölkerungsdichte:	ca. 133 Einwohner pro km^2
Größte Städte:	Erfurt, Jena, Gera, Weimar
Flüsse, die durch Thüringen fließen:	Saale, Werra, Unstrut, Ilm, Weiße Elster, Leine
Die höchsten Berge in Thüringen:	Großer Beerberg, Schneekopf, Großer Finsterberg, Bleßberg, Großer Farmdenkopf, Großer Inselsberg

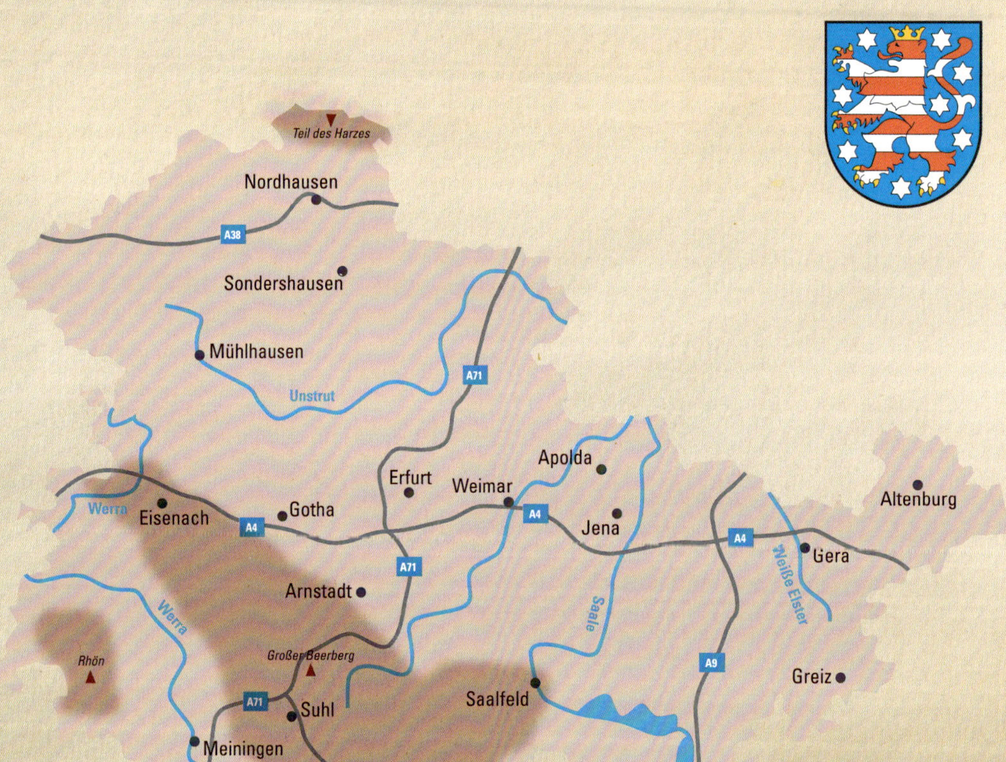

Thüringens Hymnen

Thüringen, holdes Land ist der Titel der aus dem 19. Jahrhundert stammenden Thüringen-Hymne. Die Melodie stammt von Carl Müllerhartung – einem Weimarer Komponisten, der sie zu einem Text von Ernst Viktor Schellenberg kreierte. Seit den 1950er-Jahren muss sich das Loblied auf die Region jedoch seinen Popularitätsstatus mit dem ebenso beliebten *Rennsteiglied* teilen. Bei der Frage, welche der beiden Hymnen letztendlich die wirklich wahre ist, scheiden sich die Geister.

Rennsteiglied

1. Strophe

Ich wandre ja so gerne am Rennsteig durch das Land,
den Beutel auf dem Rücken, die Klampfe in der Hand.
Ich bin ein lust'ger Wandersmann, so völlig unbeschwert.
Mein Lied erklingt durch Busch und Tann, das jeder gerne hört.

Refrain:

Diesen Weg auf den Höhn bin ich oft gegangen,
Vöglein sangen Lieder.
Bin ich weit in der Welt habe ich Verlangen,
Thüringer Wald nur nach dir.

2. Strophe:

Durch Buchen, Fichten, Tannen – so schreit ich in den Tag,
begegne vielen Freunden, sie sind von meinem Schlag.
Ich jodle lustig in das Tal, das Echo bringt's zurück.
Den Rennsteig gibt es nur einmal und nur ein Wanderglück.

Refrain

3. Strophe:

An silberklaren Bächen sich manches Mühlrad dreht,
da rast ich, wenn die Sonne so glutrot untergeht.
Ich bleib, so lang es mir gefällt und ruf es allen zu:
Am schönsten Plätzchen dieser Welt, da find ich meine Ruh.

Refrain

Thüringen, holdes Land

Thüringen, holdes Land, wo meine Wiege stand,
Frühling ist überall, Freude und Lust.
Lieder, strömt fröhlich aus, flattert von Haus zu Haus,
sucht eine Ruhestatt an Liebchens Brust.
O frisches Waldesgrün, rosige Wangen blühn,
aus jedem Fenster winkt lächelnd ein Gruß.
Brünnlein, wie quillst du hell, Bächlein, rausch nicht so schnell,
dass nicht zu früh uns welkt Rose und Kuss.
Thüringen, holdes Land, wo meine Wiege stand,
sterb ich, so nimm mich sanft in deinen Schoß.
Lüfte, umweht das Grab, Tannen, rauscht kühl herab,
Rehe umspielen dann Hügel und Moos.

Wartburg, Eisenach

Kultur in Thüringen

In Thüringen sind Kultur und Geschichte eng miteinander verknüpft. In fast allen Städten der Region können Sie auf den Pfaden großer Dichter und Denker wandeln. Darüber hinaus gibt es imposante Architektur zu bestaunen, aber auch für Fans von Sehenswürdigkeiten wird so einiges geboten. Insbesondere mit aufwendig sanierten Stadtzentren, prunkvollen Schlossanlagen und jeder Menge Künstlerflair beeindrucken die Thüringer Städte. Egal ob Erfurt, Weimar, Eisenach oder Gotha – in diesen und vielen weiteren kulturellen Zentren gibt es attraktive Freizeitangebote, wie einen Besuch im Museum, eine romantische Kutschfahrt, Theateraufführungen oder einen Spaziergang durch schöne Parkanlagen.

Geschichte im Hier und Jetzt

Thüringen weist die wohl größte Dichte an Burgen und Schlossbauten in ganz Deutschland auf. Die architektonischen Zeitzeugen – entstanden zwischen dem Mittelalter und dem 19. Jahrhundert – sind von zahlreichen Sagen und Mythen umgeben. So erzählt man sich beispielsweise, dass Martin Luther auf der Wartburg der Teufel erschienen sein soll. Doch neben den Geistern der Vergangenheit haben die alten Gemäuer noch viel mehr zu bieten. Die schönen Burg- und Schlosskulissen dienen ebenfalls als Schauplatz für Konzerte, Mittelalterfeste und Theateraufführungen – im Sommer findet all das unter freiem Himmel in zahlreichen

Herzogliches Museum Gotha

Leuchtenburg bei Kahla

Burghöfen statt. Während der Adventszeit laden die historischen Bauten außerdem zu einem gemütlichen Gang über den Weihnachtsmarkt ein.

Kunst, Literatur & Co.

Thüringen hat auch eine facettenreiche Museumslandschaft zu bieten. In etwa 200 Museen kann man sich von Gemälden und Skulpturen früher Meister wie Michelangelo und Botticelli, moderner Kunst, Schriftstücken großer Dichter und musikalischen Werken berühmter Komponisten inspirieren lassen. Ob Technik, Natur, Geschichte im Allgemeinen oder Multimedia, in den Museen Thüringens warten spannende Ausstellungen zu den verschiedensten Themenbereichen.

So zum Beispiel auch die Porzellanwelten Leuchtenburg. Auf einer gedanklichen Reise durch ferne Länder, vorbei an einer Alchimistenküche, einer festlich gedeckten Tafel und einigen weiteren Attraktionen gibt es hier viel Interessantes über die Geschichte des Porzellans zu erfahren. Doch Porzellan ist in Thüringen alles andere als Geschichte. Seit über 250 Jahren haben das Geschirr und die filigranen Figuren hier Tradition. In der Porzellanmanufaktur Rudolstadt werden die kleinen Kunstwerke noch heute in akribischster Kleinarbeit von Hand gefertigt.

Fluss Gera, Erfurt

Klassik, Elektromusik und großes Theater

Nicht nur zahlreiche Kunstwerke, sondern auch eine Vielzahl an Musik- und Theaterveranstaltungen bereichern das kulturelle Leben in Thüringen. So stehen klassische Konzerte – vorzugsweise mit den Werken von Bach, Wagner und Liszt – im Vordergrund. Bei Veranstaltungen wie den Thüringer Bachwochen oder der Liszt-Biennale kann man den Meisterwerken der Komponisten lauschen.

Neben den ernsten Musikklängen bietet die Region auch ein modernes Konterprogramm: das SonneMondSterne-Festival. Jedes Jahr im August zieht dieses etwa 35 000 Elektromusik-Fans an das Ufer des Thüringer Meeres. Unter anderem haben sich hier schon einige Musikgrößen wie Sven Väth, Faithless, die Fantastischen Vier oder David Guetta die Ehre gegeben.

Thüringen hat außerdem eine ausgeprägte Theaterkultur. Beim Dom-Stufen-Festival verwandeln sich die Treppenstufen des Erfurter Mariendoms an Sommerabenden zu einer beeindruckenden Open-Air-Theaterbühne.

Altmodisch im besten Sinne wird es beim Ekhof-Festival in Gotha. Hier gibt es historische Inszenierungen zu sehen. Das Besondere: Kulissen, Kostüme und Bühnentechnik entstammen dem 17. und 18. Jahrhundert.

Auch die Theaterstadt Meiningen und das Nationaltheater in Weimar beweisen mit zahlreichen Veranstaltungen, dass das bunte Treiben auf der Bühne einen hohen Stellenwert in der Region hat.

Bei diesem prallgefüllten Kulturprogramm wird es in Thüringen auf jeden Fall nie langweilig!

Nationaltheater in Weimar

Thüringer Wald

Ein Paradies für Sportbegeisterte und Naturverbundene

Ob Wandern durch den Thüringer Wald, Wassersport auf der Saale oder Radtouren durch die Region – die Natur hält hier viele spannende Ecken bereit. Wer gerne bei einem strammen Spaziergang den Ausblick auf unberührte Natur genießt, ist in Thüringen genau richtig. Hier befindet sich Deutschlands bekanntester Wanderweg: der ***Rennsteig***. Dieser ist stolze 169 Kilometer lang und hält sowohl Anfänger als auch geübte Wanderer auf verschiedenen Etappen auf

Die Landschaft des Thüringer Waldes ist besonders attraktiv für Spaziergänger und Wanderer.

Trab. Ob sanft hügelige Pfade oder steile Anstiege – auf jedem einzelnen Kilometer wird man mit dem Blick auf wunderschöne Wälder und Wiesen belohnt. Auch der Thüringer Wald, die Rhön und der Südharz bieten Wanderern wundervolle Möglichkeiten, die Natur zu genießen. Ebenfalls sehr beliebt sind thematische Wanderwege, so kann man sich beispielswiese auf die Spuren Martin Luthers begeben und das Erbe der Reformation bei jedem Schritt erleben.

Auch das Angebot für Radfreunde ist riesig. Über den *Ilmtal-Radweg* führt eine malerische Route an Weinreben und Waldgebieten vorbei, hin zu den UNESCO-Welterbestätten in Weimar. Doch auch hier gilt: Der Weg ist das Ziel, denn der Radweg wird immer wieder von spannenden Zwischenstopps gesäumt, bei denen man eine wohlverdiente Pause bei Kaffee und Kuchen einlegen kann. Wer es lieber actionreicher mag, findet beim Mountainbiken in den Waldgebieten Thüringens ebenfalls seine sportlichen Herausforderungen.

Nationalparks, Naturparks und Biosphärenreservate gehören außerdem zur atemberaubenden Natur Thüringens. In acht verschiedenen Naturgebieten können sowohl seltene Tier- als auch Pflanzenarten bestaunt werden. Für Naturliebhaber immer wieder ein Highlight.

Neben dem wohl bekanntesten Naturgebiet der Region, dem Thüringer Wald, gibt es noch weitere UNESCO-zertifizierte Areale. Der Nationalpark Hainich ist seit 2011 als Weltnaturerbe ausgezeichnet. Die größte Attraktion ist hier ein 530 Meter hoher Baumkronenpfad, der einen atemberaubenden Blick auf die Farbenpracht der Bäume ermöglicht. Nicht weniger spannend ist das Biosphärenreservat Rhön. Im Dreiländereck zwischen Bayern, Hessen und Thüringen gelegen, durchziehen dieses Gebiet wunderschöne Buchenwälder, historische Dörfer mit charakteristischem Fachwerk sowie etliche Wiesen und Weiden mit sogenannten Rhönschafen.

Domhügel, Erfurt

Bauhaus – Design made in Thüringen

Im Jahr 1919 fiel der Startschuss für eine ganz neue Gestaltungsform in Deutschland. Der Bauhausstil – die wichtigste Kunstschule des frühen 20. Jahrhunderts – war geboren und zwar in Weimar. Insbesondere die Umbrüche in der Anfangsphase nach dem Ersten Weltkrieg sorgten für eine offenere Haltung bei den Menschen, weshalb sich die neue Kunstform überhaupt ihren Weg ebnen konnte. Bauhaus diente als experimenteller Ideenspielplatz und wurde schnell zur Wurzel modernen Designs. Was damals bloße Entwürfe waren, hat sich als klassisches Mobiliar etabliert und ist in vielen deutschen Haushalten bis heute zu finden. Auch als Stilmittel in der Architektur hat der Bauhaus für Furore gesorgt und ist ganz neue Wege gegangen.

Bauhaus-Museum in Weimar

Doch wofür steht Bauhaus eigentlich? Dem Begründer Walter Gropius ging es hauptsächlich um die Revolution des Alltags. Hierbei stand die Kombination von Kunst und Industrieelementen im Vordergrund. Insbesondere würfelförmige Gebäude mit Flachdach, große Glasfronten sowie die Farben Rot, Gelb, Blau, Schwarz und Weiß sind typisch. Auch die Verwendung Stahl, Chrom und Aluminium prägen den Bauhausstil. In Sachen Wohnungsinterieur schlug der Bauhaus-Stil ebenfalls ein neues Kapitel auf. Auch hier setzte man auf schlichte Eleganz, verwendete nur ein kleines Farbspektrum und arbeitete mit gradlinigen sowie geometrischen Formen, die für die damalige Zeit sehr innovativ waren.

Bei einem Spaziergang durch die großen Städte der Region kann man an allen Ecken und Enden klar erkennen, dass die Moderne ihre Spuren hinterlassen hat. Wer einmal tiefer in die Weimarer Bauhaus-Geschichte eintauchen möchte, hat ab 2019 im Bauhaus-Museum Gelegenheit dazu. Mithilfe von zeitgenössischer Architektur und einer multimedialen Gestaltung werden hier Exponate der weltweit ältesten Bauhaus-Sammlung präsentiert.

Rathaus, Weimar

So reden die Thüringer

Wer aus dem schönen Thüringen kommt, hört man sofort. Die ganz eigene Art der Lautbildung ist für Ostdeutschland einzigartig und mit keinem anderen Dialekt vergleichbar. Auch haben die Thüringer für manches ihre ganz individuellen Bezeichnungen. Damit Sie bei der Vielfalt an regionalen Vokabeln nicht ins Straucheln geraten, hier eine kleine Sprachkunde:

Thüringisch	**Hochdeutsch**
Bischl	kleiner Laubwald
Datsch	Kartoffelpuffer
Eyberbudn	Dachboden
Ferschurriechels nech	Mach nichts kaputt
heeme	nach Hause
henze	jetzt
hingenrimm	hinten entlang gehen
Hitsche	Fußbank
Huller	Hackbällchen
Hütes	Kartoffelklöße
illern	gucken
Nüschl	Kopf
Schlumpen	Schuhe
Tipfel	Tasse
Wänster	böse Kinder

Thüringens Esskultur

Tischkultur geht in Thüringen weit über gutes Essen hinaus. In der ostdeutschen Region genießt man mit allen Sinnen – eben ein Zusammenspiel aus Porzellan, Glaskunst, Keramik und regionalen Spezialitäten.

Wenn es um das leibliche Wohl geht, sind die Thüringer ganz auf ihre Traditionen bedacht. Da ist es nicht verwunderlich, dass sie sich auf das besinnen, was die Region hergibt. So findet man beispielsweise auf den meisten Thüringer Esstischen Gläser der Farbglashütte Lauscha. Erkennungsmerkmal ist hier das grün schimmernde Waldglas.

Auch Kaffee- und Teeservice der Porzellanmanufaktur Reichenbach sind typische Thüringer Produkte. Mit stetig neuen Designs und handgefertigten Unikaten begeistert die Manufaktur bereits seit ihrer Grundsteinlegung im Jahre 1900. Doch nicht nur Tassen und Teller, auch liebevoll gestaltete Porzellanfiguren entstehen hier.

Neben gutbürgerlichen Gerichten aus regionalen Zutaten genehmigen sich die Thüringer auch gerne mal einen edlen Tropfen vom Weingut in Bad Sulza. Insbesondere wer dem weißen Rebensaft zugetan ist, sollte den exzellenten Winzerwein kosten.

Spezialitäten aus Thüringen

Der gute Ruf der Thüringer Rostbratwurst und der Thüringer Klöße eilt ihnen stets voraus. Neben diesen kulinarischen Klassikern hat die kulinarische Seite Thüringens jedoch noch viel mehr zu bieten.

Die thüringische Küche gilt als bodenständige Hausmannskost und wird durch sehr fleischbetonte, aber auch fruchtige Gerichte dominiert. Neben Fleischgerichten nehmen auch Wurst- und Wildspezialitäten einen großen Teil der thüringischen Speisekarte ein. Zum einen sind die Gaumenfreuden vom Waldreichtum, zum anderen von ertragreichen Obst- und Gemüseanbaugebieten geprägt. Das heißt, in den Kochtopf kommen immer frische und saisonale Zutaten – direkt aus der Region.

Was zu einer leckeren Rostbratwurst oder deftigem Fleisch auf keinen Fall fehlen darf, ist Senf – und der hat in Thüringen Tradition. Nicht nur als Soße, sondern auch als Würzmittel in der Wurst- und Fleischproduktion ist Senf in der Region sehr beliebt. Die Thüringer achten insbesondere auf eine sorgfältige Auswahl der Senfsaat und ebenso auf einen äußerst schonenden Herstellungsprozess. Über Stunden werden die Zutaten langsam auf Granitstein vermahlen, ohne Hitze hinzuzufügen. Auf diese Weise wird die Schärfe des Senföls länger bewahrt. Wenn es in Thüringen um die Wurst geht, gibt es außerdem eine unumstößliche Regel: Ketchup zur Bratwurst ist ein Frevel, wer ein echter Thüringer ist, genießt sie mit Senf.

Zu den deftigen Essen wird auch gerne einmal ein Bier gereicht. Wie passend, dass Thüringen Sitz verschiedener Brauereien ist, so z. B. derjenigen von Gotha, Altenburg und Erfurt. Insbesondere zum klassischen Sonntagsbraten mit Klößen und Rotkohl wird gerne ein Pils oder Schwarzbier getrunken. Auch das älteste Reinheitsgebot für Bier stammt aus Thüringen. So beschlossen die Stadtväter aus Weimar und Weißensee bereits 1434, dass Bier lediglich aus Hopfen, Malz und Wasser gebraut werden dürfe.

Doch nicht nur der Gerstensaft, auch der Wein hat es den Thüringern angetan. Denn die Region verfügt außerdem über das nördlichste Qualitätsweinanbaugebiet Deutschlands. Mit etwa 1600 Sonnenstunden pro Jahr und idealen Bodenvoraussetzungen gedeihen um Bad Sulza rund 30 verschiedene Rebsorten. Die leckeren Rot- und Weißweine überzeugen nicht nur einheimische Weinliebhaber immer wieder aufs Neue.

Auch Naschkatzen kommen in Thüringen auf ihre Kosten, denn Kuchenbacken hat hier ebenfalls Tradition. Blechkuchen stehen seit jeher hoch im Kurs, was man auch an den Auslagen der hiesigen Bäckereibetriebe erkennen kann, in denen fast ausschließlich Blechkuchen angeboten werden. An Fest- oder Feiertagen ist es üblich, mindestens 10 bis 15 verschiedene Kuchensorten anzubieten, um nicht als geizig zu gelten. Zu festlichen Anlässen trinkt man in Thüringen übrigens zweimal Kaffee. Einmal wie üblich um die Nachmittagszeit und ein weiteres Mal nach Mitternacht. Auch bekommen Gäste traditionell Kuchenpakete mit nach Hause, weshalb absichtlich zu viel gebacken wird. Doch nicht nur zu fröhlichen Anlässen, auch im Falle von Beerdigungen werden in Thüringen reichlich Kuchen für den Leichenschmaus zubereitet.

Auf jeden Fall gibt es in Thüringen kulturell wie kulinarisch so einiges zu entdecken.

Gera

Essig

Kleine Gerichte & Suppen

Hüllerchen

Eine herzhafte Zwischenmahlzeit, die in Thüringen zum Frühstück, aber auch ebenso gerne zum Nachmittagskaffee verspeist wird.

Zutaten

750 g Kartoffeln
3 EL Kartoffelmehl
500 g Zwiebeln
250 g durchwachsener Speck
100 g Butter
Salz

Zubereitung

1 Die Kartoffeln schälen, waschen und in Salzwasser gar kochen. Danach abgießen und mit dem Stampfer zerdrücken. Das Kartoffelmehl und etwas Salz unter ständigem Rühren zugeben, bis sich der Teig leicht zieht.

2 Die Zwiebeln abziehen und in Würfel schneiden. Den Speck ebenfalls würfeln. Die Butter leicht erhitzen und die Zwiebel- und Speckwürfel darin anbraten.

3 Aus der Kartoffelmasse kleine Bällchen formen, diese in die Specksoße geben und unter ständigem Rütteln so lange backen, bis sie glasig aussehen. Die Hüllerchen zu frisch gebrühtem Kaffee servieren.

Die Kartoffel ist aus der Küche Thüringens nicht wegzudenken. Kartoffeln werden gebraten, gebacken und gesotten, sie kommen ganz, in Suppe, Brei, Klößen, Stampfkartoffeln oder eben als Hüllerchen auf den Tisch. Kaum etwas hat in Thüringen die Kochfantasie so angeregt wie die Kartoffel.

Mosbacher Jägerfrühstück

Jäger und Holzfäller waren und sind Frühaufsteher und dürften einem kräftigen Frühstück schon zugetan sein. Das Mosbacher Jägerfrühstück kann natürlich ebenso als eine rustikale Abendmahlzeit aufgetischt werden.

Zutaten

30 g Butter
400 g Schinkenspeck in Scheiben
4 Scheiben Vollkornbrot
1 Bund Schnittlauch
4 Eier
4 mittelgroße Äpfel
1 Gläschen Meerrettich

Zubereitung

1 Die Butter in einer Pfanne erhitzen, den Schinkenspeck von beiden Seiten darin anbraten und dann auf die Brotscheiben legen.

2 Den Schnittlauch waschen, trocken schütteln und in feine Ringe schneiden. Die Eier mit dem Schnittlauch verrühren und in der Pfanne Rühreier braten. Gleichmäßig auf dem Schinken verteilen.

3 Die Äpfel waschen, vierteln, entkernen und sternförmig an die Brotscheiben anlegen. In die Mitte einen Löffel scharfen Meerrettich geben.

Ein gutes Bier und ein eisgekühlter Doppelkorn passen optimal zu diesem herzhaften Gericht.

Anstelle von Schinkenspeck eignet sich auch Bierschinken oder Böhmische Schinkenpastete.

Der reiche,
aus reinem
über
0,7 ℓ

Thüringer Bratmaul

Neben der allseits beliebten Thüringer Rostbratwurst hat auch die ostdeutsche Variante des Hotdogs viele Freunde in Thüringen.

Zutaten für 8 Personen

8 Weizenbrötchen
8–10 EL Mayonnaise
8 Wiener Würstchen
8 Scheiben Schnittkäse

Zubereitung

1 Die Brötchen auf einer Seite einschneiden und die untere Hälfte mit einem Klecks Mayonnaise bestreichen.

2 Je 1 Wiener Würstchen in 1 Scheibe Käse einwickeln und in eines der vorbereiteten Brötchen legen.

3 Die belegten Brötchen im vorgeheizten Backofen langsam grillen, bis der Käse cremig zerläuft.

Insbesondere der würzige Geschmack des Emmentalers macht sich im Bratmaul sehr gut.

Ein wenig gesünder wird dieser Snack mit einem ballaststoffreichen Körnerbrötchen.

Das Thüringer Bratmaul – die aufgeschnittene Seite des Brötchens ähnelt einem Maul – gibt es schon viel länger als den traditionellen Hotdog aus Amerika. Es ist ein Schnellgericht, das dank seines leckeren Geschmacks leicht zum Lieblingssnack wird, wenn es erst einmal probiert wurde.

Abgesehen von Mayonnaise, passen alternativ auch Senf und Ketchup gut zu dieser Leckerei.

Kochkäse – Brand-Matten

Ein altes Hausrezept, das daran erinnert, dass Thüringen frühzeitig schon Käseland war und viele Käsereien hatte.

Zutaten

750 g Magerquark
375 ml süße Sahne
3 EL ganzer Kümmel und weitere Gewürze nach Wahl
6 EL Butter
1 TL Salz

Zubereitung

1 Den Quark in einer Tonschüssel 3–4 Tage mit einem feuchten Leinentuch abgedeckt warm stellen. Wenn sich der Quark mit einer leichten käseartigen Schicht überzogen hat, die süße Sahne und die Gewürze hinzufügen und zu einer glatten Masse verrühren.

2 Den Quark mit den Gewürzen in einem entsprechenden Gefäß unter ständigem Umrühren mit einem Holzlöffel bei kleiner Hitze erwärmen, bis die Masse anfängt, dick zu werden.

3 Die Butter schmelzen, unter den gekochten Käse ziehen und weiterköcheln lassen, bis der Käse glänzt und sich vom Topfboden löst. Die Masse in eine Schüssel umfüllen und erkalten lassen.

Ein Vollkornbrot mit Butter und ein kühles Bier ergänzen den Hausmacher Kochkäse vortrefflich.

Durch die Verwendung verschiedener Gewürze lassen sich interessante Geschmacksnuancen herstellen. Versuchen Sie es doch einmal mit Paprika, Majoran, gestoßenem schwarzem Pfeffer oder Knoblauch.

Salat mit frischen Erdbeeren

Im Gartenland Thüringen wurden und werden die verschiedensten Salate und Früchte im Eigenbau gezogen. So ist es nicht unüblich, dass die Thüringer ihr Obst und Gemüse gerne fantasievoll miteinander kombinieren.

Zutaten

2 Köpfe Salat
200 g frische Erdbeeren
Saft von 1 Zitrone
2–3 EL Weißwein
2 –3 EL Öl
1 Handvoll gehobelte Mandeln
Zucker
Salz, Pfeffer

Zubereitung

1 Den Salat putzen, waschen, trocken schütteln und in mundgerechte Stücke zupfen. Die Erdbeeren waschen, vom Blütenansatz befreien und halbieren.

2 Für die Salatsoße den Zitronensaft, den Weißwein, das Öl, etwas Zucker, Salz und Pfeffer verrühren.

3 Den Salat in eine Schüssel geben, die Salatsoße darüber gießen und die Erdbeeren darauf verteilen. Mit den gehobelten Mandeln bestreuen und servieren.

Anstatt Erdbeeren schmecken Trauben und Apfelstückchen ebenfalls sehr lecker im grünen Salat. Garniert man das Ganze noch mit Walnusskernen, erhält der Salat zusätzlich eine knackige Komponente.

Erfurter Puffbohnensalat

Es ist noch gar nicht so lange her, da galten die Erfurter zu Recht als große Freunde der Puff-, Buf- oder Ackerbohne. Ihre Vorliebe für diese Hülsenfrucht brachte ihnen den über Thüringens Grenzen hinaus bekannten Spitznamen „Erfurter Bufbohnen" ein.

Zutaten

500 g Puffbohnenkerne
200 g Zwiebeln
1 Ei
2–3 EL Speiseöl
2 EL Essig
Zucker
Salz
Pfeffer
1 Bund Petersilie

Zubereitung

1 Die Puffbohnen in Salzwasser aufkochen, das Wasser abgießen, mit frischem Wasser ansetzen und die Bohnen langsam weich kochen. Kalt abspülen und gut abtropfen lassen.

2 Die Zwiebeln abziehen und in Würfel schneiden. In der Zwischenzeit das Ei 8 Minuten hart kochen, mit kaltem Wasser abschrecken, pellen und abkühlen lassen.

3 Für die Salatmarinade das Öl, den Essig, Zucker, Salz, Pfeffer, und die Zwiebelwürfeln miteinander verrühren. Dann das Ganze über die gekochten Bohnen gießen. Den Salat nun 1–2 Stunden kühl stellen.

4 Das gekochte Ei kleinhacken. Die Petersilie waschen, trocken schütteln und ebenfalls fein hacken.

5 Den Bohnensalat in einem tiefen Teller anrichten und mit dem gehackten Ei und der gehackten Petersilie bestreuen. Dieser Salat schmeckt besonders gut, wenn ihm Streifen von Sülzfleischwurst beigemischt werden.

Schon seit dem Mittelalter ist die Saubohne, wie die Puffbohne im allgemeinen Sprachgebrauch oft genannt wird, ein beliebtes Nahrungsmittel. Sie war besonders sättigend und reich an Nährstoffen, was sie damals zum idealen Arme-Leute-Essen machte. Hat man die Bohnen gekocht, sind sie regelrecht aufgepufft – und haben an Volumen zugenommen. So erhielten sie ihren Namen.

raugold
PEZIAL
Pils
RFURTER
ringer Tagespost
Bush ist wieder
im Weißen Haus
ei Tote

Tomatensalat mit Rotwurst

Unter den Salatgemüsen besitzt die Tomate einen privilegierten Rang in der Thüringer Küche. Serviert mit Rotwurst entsteht ein ausgefallener Salat, der in Thüringen viele Liebhaber hat.

Zutaten

400 g Tomaten
200 g Fleischblutwurst
2 mittelgroße Zwiebeln
2 EL Branntweinessig
2–3 EL Öl
Zucker
Salz
Pfeffer
2 gekochte Eier
1 Bund Petersilie und Schnittlauch

Zubereitung

1 Die Tomaten waschen, vom Blütenansatz befreien und je nach Größe in 4–6 Ecken schneiden. Die Fleischblutwurst enthäuten und in ca. 1 cm große Würfel schneiden. Die Wurst und die Tomaten nun vorsichtig vermischen.

2 Die Zwiebeln abziehen, in Scheiben schneiden und zu den Tomatenecken und Wurstwürfeln geben. Danach alles mit dem Essig, dem Öl, etwas Zucker, Salz und Pfeffer pikant abschmecken und kühl stellen.

3 Vor dem Servieren die Petersilie und den Schnittlauch waschen, trocken schütteln und fein hacken bzw. in Ringe schneiden. Anschließend die gekochten Eier schälen und achteln. Am Schluss alles zusammen mit dem Salat anrichten.

Eine Butterschnitte mit Schnittlauch schmeckt am besten dazu.

Eine pikante Note erhält dieser Salat, wenn Sie Balsamessig anstatt des Branntweinessigs verwenden.

Brotsuppe mit Leberwurst

Diese Traditionsvorspeise hat seit jeher ihren Platz in der Thüringer Küche. Sie ist wenig aufwändig und macht Appetit auf den nächsten Gang.

Zutaten

1 Zwiebel
1 Stange Lauch
1 Karotte
1 kleines Stück Knollensellerie
30 g Schmalz
Kümmel
Knoblauch
300 g Schwarzbrot
125 g Thüringer Hausmacher Leberwurst
1 ¼ l Fleischbrühe
Majoran
1 Bund Petersilie
Salz

Zubereitung

1 Die Zwiebel abziehen und in Scheiben schneiden. Den Lauch putzen, waschen und in Streifen schneiden. Die Karotte und den Knollensellerie waschen, schälen und raspeln.

2 Das Schmalz in einem Topf erhitzen und darin die Zwiebelscheiben, die Lauchstreifen, die geraspelte Karotte und den Sellerie anschwitzen, mit etwas gehacktem Kümmel und Knoblauch würzen.

3 Das Brot zerbröseln oder in kleine Würfel schneiden. Die Leberwurst ebenfalls würfeln. Beides zum Gemüse dazugeben, mit Brühe auffüllen und ca. 20 Minuten kochen lassen. Mit wenig Salz und etwas Majoran würzen.

4 Die Petersilie waschen, trocken schütteln und vor dem Servieren fein gehackt über die Suppe streuen.

Weichen Sie einmal von der traditionellen Kombination ab und probieren Sie die gleiche Suppe mit Knackwurst: Sie werden beide Varianten lieben.

Neben vielen anderen Gemüsesorten sind die Thüringer insbesondere für den Anbau von Blumenkohl, Spargel, Bohnen und Weißkohl bekannt – die sich außerdem gut als Suppeneinlage eignen.

Süß-saure Linsensuppe mit Rotwurst

Die Linsensuppe ist ein Paradebeispiel für echte Thüringer Hausmannskost. Dazu isst man traditionell Thüringer Rotwurst, möglichst aus eigener Schlachtung.

Zutaten

300 g Linsen
1 l Rinderbrühe
150 g Kartoffeln
Essig
Zucker
Salz
Pfeffer
30 g Speck
2 mittelgroße Zwiebeln
1 EL Mehl
2 EL Butter
200 g Thüringer Rotwurst

Zubereitung

1 Die Linsen waschen und in ca. 1 Liter kaltem Wasser 12 Stunden quellen lassen. Mit dem Einweichwasser und der Rinderbrühe zum Kochen bringen. Die Kartoffeln schälen, waschen und in Würfel schneiden. Nach ca. 30 Minuten die Kartoffelwürfel zu den Linsen geben und mit etwas Essig, Zucker, Salz und Pfeffer pikant abschmecken.

2 Den Speck würfeln, die Zwiebeln abziehen und in kleine Würfel schneiden. Beides glasig andünsten. Aus dem Mehl und Butter eine helle Mehlschwitze herstellen (siehe unten). Die Linsen damit sämig binden, den Speck und die Zwiebeln hinzufügen und eventuell noch ein wenig nachwürzen.

3 Die enthäutete Rotwurst in nicht zu große Stücke schneiden und in eine Terrine oder in Teller geben, mit der heißen Suppe auffüllen und servieren. Dazu passt am besten eine dicke Scheibe Landbrot.

a.

b.

c.

Bild a: In einem Topf die Butter erhitzen.
Bild b: Das Mehl hinzufügen und mit einem Kochlöffel unter Rühren anschwitzen, bis es andickt.
Bild c: Unter ständigem Weiterrühren so viel Kochbrühe untermischen, bis eine sämige Soße entstanden ist.

Sauerkrautsuppe

Kenner und Liebhaber der thüringischen Küche lassen sich ihr Sauerkraut nicht streitig machen. Es mundet nicht nur als Beilage, sondern auch in der Suppe.

Zutaten

1 große Zwiebel
50 g Schweineschmalz
300 g rohes Sauerkraut
3 Wacholderbeeren
½ TL Kümmel
½ Lorbeerblatt
1 l kräftige Rinderbouillon
100 g Kartoffeln
100 g Vollkornbrot
1 EL Pflanzenöl
1 Bund Dill
250 g saure Sahne
Salz
weißer Pfeffer

Zubereitung

1 Die Zwiebel abziehen und in feine Würfel schneiden. Das Schweineschmalz erhitzen und die Zwiebelwürfel darin glasig dünsten. Das Sauerkraut klein hacken, mit den Gewürzen dazugeben und gut anschwitzen. Dann die Rinderbouillon auffüllen und auf kleiner Flamme fertig garen, doch das Kraut nicht zu weich werden lassen.

2 Die Kartoffeln schälen und reiben. Das Brot würfeln und in dem erhitzten Öl rösten. Den Dill waschen, trocken schütteln und klein hacken.

3 Kurz vor Ende der Garzeit die Suppe mit den geriebenen Kartoffeln binden, mit der sauren Sahne verfeinern und mit gerösteten Brotwürfeln und reichlich Dill bestreut servieren.

Mit einer Einlage von Schweinebauch oder Schinken wird die Suppe zu einer gehaltvollen Mahlzeit.

Sauerkraut entsteht durch Milchsäuregehrung von Weißkohl. Es liefert vor allem im Winter wichtige Vitamine und Nährstoffe.

Fernbreitenbacher Saure Brüh

Eine herzhafte Spezialität aus dem Thüringer Wald, die meist am Tag nach dem Schlachtfest in den Tellern dampfte.

Zutaten

200 g Schweinenieren
200 g Schweineleber
200 g Schweinebauch
3 mittelgroße Zwiebeln
20 g Schweinegehacktes
50 g Weißbrot
100 g Schwarzbrot oder Mischbrot
Kümmel
Majoran
Zucker
Essig
Salz
Pfeffer

Zubereitung

1 Die Innereien und den Schweinebauch kurz abwaschen und mit den Gewürzen in etwa 1 l heißem Wasser weich kochen. Danach das Fleisch in nicht zu feine Streifen schneiden.

2 Die Zwiebeln abziehen, würfeln und in einem flachen Gefäß mit etwas abgeschöpftem Fett der Brühe anschwitzen, ohne dass sie Farbe bekommen. Zu diesem Ansatz die Streifen von Schweinebauch und die Innereien geben, kurz durchziehen lassen, mit der Brühe auffüllen und nochmals kräftig erhitzen.

3 Inzwischen aus dem frischen Gehackten kleine Klößchen formen und diese in der fast fertigen Suppe gar ziehen lassen.

4 Das Brot ohne Rinde in sehr kleine Würfel schneiden und zur Bindung der Suppe unterziehen. Nochmals nachwürzen, mit Zucker und Essig herzhaft abschmecken. Die Saure Brüh schmeckt zu frischem Landbrot besonders gut.

Nicht nur Landbrot, auch Spätzle passen hervorragend zur Sauren Brüh.

Schwarze Brüh

Dieses sehr alte Gericht aus den Thüringer Bergdörfern wurde im Lauf der Zeit verfeinert und kommt auch heute noch in vielen Familien auf den Tisch.

Zutaten für 5 Personen

400 g Rauchfleisch
50 g Rosinen
1 EL Zuckerrübensirup
3 Nelken
3 Wacholderbeeren
1 Lorbeerblatt
etwas Mehl
1 Ei
1 EL Salz
1 EL Essig

Zubereitung

1 Das Rauchfleisch, die Rosinen, den Zuckerrübensirup, die Nelken, die Wacholderbeeren und das Lorbeerblatt in 500 ml Wasser kochen, bis das Fleisch weich ist.

2 Die Brühe mit etwas Mehl andicken. Das Ei unterrühren und den Topf sofort vom Feuer nehmen. Mit Salz, Essig und Sirup süßsauer abschmecken. Dazu passt am besten selbst gemachter Kartoffelbrei.

Zur Zeit der Heuernte hatten die Hausfrauen früher wenig Zeit, das Mittagessen vorzubereiten. Deshalb verwerteten sie häufig Reste, z. B. von einem Braten, oder einfach ein Stück Speck. Es musste allerdings deftig sein, denn die Arbeit auf dem Feld machte hungrig!

Weimarer Zwiebelmarktsuppe

Auf dem Weimarer Zwiebelmarkt wird neben Zwiebelkuchen und Zwiebelzöpfen auch diese reichhaltige und würzige Suppe angeboten. Von hier aus hielt sie auch Einzug in die Thüringer Küche.

Zutaten

6 mittelgroße Zwiebeln
100 g Kochsalami oder ähnliche Wurst
4 EL Öl
75 g Margarine
1 Apfel
1 ½ l Fleischbrühe
4 Brötchen
75 g Reibekäse
Petersilie
Zucker
Essig
Salz

Zubereitung

1 Die Zwiebeln abziehen und in Scheiben und die Wurst in Streifen schneiden. Beides in dem Öl und der Margarine goldgelb anschwitzen.

2 Den Apfel schälen, entkernen und fein reiben. Zusammen mit einer Prise Salz, Zucker und ½ EL Essig vermengen, mit Fleischbrühe auffüllen und mit etwas Salz abschmecken. Das Ganze so lange kochen, bis die Zwiebeln fast weich sind.

3 Die Brötchen längs halbieren, in Margarine knusprig braten und auf die Suppe geben. Danach die Petersilie waschen, trocken schütteln und fein hacken.

4 Vor dem Anrichten die Suppe mit Reibekäse und gehackter Petersilie bestreuen.

Statt des Brötchens schmeckt auch eine Scheibe gebuttertes Bauernbrot sehr gut zu der Suppe.

Wahrscheinlich war auch Goethe ein Freund dieser Zwiebelmarktsuppe, denn Zwiebeln mochte er auf jeden Fall. Wie Karl Friedrich Zelter 1827 nach einem Besuch bei dem Dichterfürsten seiner Tochter schrieb, ließ Goethe, davon für das ganze Jahr einkaufen und hing die Zwiebeln an seinem Fenster auf, was einiges Aufsehen erregte.

WEIMARER
Thüringer Tagespost
Opel Kadett

Braugold
PEZIAL
Pils
WEIM

Hauptgerichte mit Fisch & Fleisch

Heringskartoffeln

Früher bestand oft der ganze Küchenvorrat nur aus Hering und Kartoffeln. Was die Hausfrau daraus – mit einigen wenigen Zutaten und mit Fantasie – zu zaubern vermochte, davon zeugen auch diese Heringskartoffeln.

Zutaten

750 g Kartoffeln
450 g Salzheringe
3–4 Zwiebeln
50 g Butter
3 EL Paniermehl
2 Eier
150–200 g saure Sahne
Salz
Pfeffer

Zubereitung

1 Die Kartoffeln kochen, pellen und abkühlen lassen. Danach in Scheiben schneiden.

2 Die Heringe wässern, ausnehmen, entgräten, abziehen und in Filetstücke schneiden. Alternativ können Sie beim Fischhändler Filets bestellen

3 Die Zwiebeln abziehen, in Würfel schneiden und in ein wenig Butter goldgelb anschwitzen. Eine Backform ausbuttern, mit Paniermehl ausstreuen und lagenweise Kartoffelscheiben, Heringsstückchen und Zwiebeln einfüllen.

4 DenBackofen auf 180 °C (Umuft 160 °C) vorheizen. Die Eier mit der Sahne, dem Salz und dem Pfeffer verquirlen und gleichmäßig in die Backform gießen. Danach mit dem restlichen Paniermehl bestreuen, einige Butterflöckchen aus der restlichen Butter daraufsetzen und im vorgeheizten Backofen 30–40 Minuten backen.

Wie bei Arme-Leute-Essen üblich, kann man sie variieren, ohne dass der Charakter des Gerichtes verloren geht. Der Salzhering kann sich in diesem Fall also auch vom Bismarckhering oder auch vom Bückling vertreten lassen.

Karpfen auf Thüringer Art

Vom Silvesterkarpfen einmal abgesehen, ist dieser fette Geselle in deutschen Landen nicht der Favorit unter den Speisefischen – anders in Thüringen.

Zutaten

1 großer Karpfen
250 g Butter
250 g Weintrauben
2 Äpfel
4 EL geriebener Meerrettich
Zucker
Salz

Zubereitung

1 Den Karpfen so wenig wie möglich anfassen, direkt gar kochen, herausnehmen und mit Butter bestreichen.

2 Für die Soße die Weintrauben waschen und durch ein Sieb streichen. Die Äpfel waschen, schälen, entkernen, vierteln und dann raspeln. Danach beides miteinander mischen. Zum Schluss den Meerrettich zugeben und die Soße mit Salz und Zucker abschmecken. Zu dem Karpfen servieren.

Kartoffelsalat ist eine ideale Beilage zum Thüringer Karpfen.

Auch dampfende Petersilienkartoffeln passen sehr gut zu diesem Fischgericht.

Karpfen in Braunbier

Eine der durchaus anspruchsvolleren und arbeitsaufwändigeren Karpfenspeisen aus dem thüringischen Land.

Zutaten

1 mittelgroßer Karpfen
Saft von 1 Zitrone
100 ml Rotwein
200 g Karotten
100 g Knollensellerie
2 Flaschen Doppelkaramelbier
1 mit Lorbeer und Nelken gespickte Zwiebel
80 g Butter
60–80 g geriebener Honigkuchen
40 g in Wasser eingeweichte Sultaninen
50 g gehackte Mandeln
Zucker
Essig
Salz
Pfeffer

Zwar soll sich der Fisch bei der Zubereitung in Braunbier tummeln, doch Sie dürfen ihn zum Essen auch in einem guten Pils schwimmen lassen …

Zubereitung

1 Den Karpfen halbieren, die Kiemen entfernen, die Fischhälften säubern und in 4 Teile zerlegen. Mit dem Zitronensaft, etwas Pfeffer und dem Rotwein marinieren und ca. 2 Stunden kühl stellen. In der Zwischenzeit die Karotten und den Sellerie waschen, schälen und in streichholzgroße Streifen schneiden.

2 In einem flachen Gargefäß den marinierten Karpfen einlegen, salzen und mit dem Bier und der restlichen Marinade unter Zugabe der gespickten Zwiebel übergießen. Kurz aufkochen und ca. 20 Minuten gar ziehen lassen.

3 Die Butter erhitzen und die Gemüsestreifen darin knackig anschwitzen. Den Karpfen aus dem Gargefäß nehmen und warm halten. Den Sud durch ein feines Sieb passieren, mit dem geriebenen Honigkuchen sämig binden, kurz aufkochen und die eingeweichten Sultaninen sowie die Gemüsestreifen unterziehen.

4 Die Karpfenstücke wieder in die fertige und nochmals nachgewürzte Soße geben und kurz erwärmen. Zum Servieren den Karpfen mit der Soße übergießen und mit den Mandeln bestreuen. Als Beilage eignen sich Petersilienkartoffeln.

… oder sogar in einem guten Weiß- oder Rotwein.

Bierfleisch mit Kümmel und Apfelscheiben

Süß und pikant zugleich – in der thüringischen Küche ziehen sich Gegensätze an.

Zutaten

3 große Zwiebeln
500 g Schweinegulasch
80 g Schmalz
Paprika edelsüß
Kümmel
50 g Weizenmehl
½ Flasche Pilsner
nach Bedarf ca. 500 ml Fleischbrühe
2 Knoblauchzehen
2 Äpfel
50 g Butter
1 Bund Petersilie oder Schnittlauch
Salz
Pfeffer

Zubereitung

1 Die Zwiebeln abziehen, in Scheiben schneiden und zusammen mit den Fleischwürfeln im Schmalz kräftig anbraten. Das Ganze mit Salz, Pfeffer, Paprika und reichlich gemahlenem oder gehacktem Kümmel würzen und mit Mehl abstäuben. Dann mit dem Bier ablöschen und danach mit Wasser oder der Fleischbrühe bedecken. Die Knoblauchzehen abziehen, fein hacken und ebenfalls beifügen, bevor man alles verschlossen fertig schmoren lässt.

2 Die Äpfel waschen, vom Kerngehäuse befreien und in ca. ½ cm dicke Scheiben schneiden, dieses von beiden Seiten in Butter anschwitzen und als Garnitur auf das fertige Bierfleisch setzen.

3 Zum Schluss die Petersilie oder den Schnittlauch waschen, trocken schütteln und gehackt beziehungsweise geschnitten über das Bierfleisch streuen.

Die Köche in Thüringen spielen gerne mit geschmacklichen Gegensätzen. So ist es nicht selten – ob am häuslichen Herd oder in den Hotel- und Restaurantküchen –, dass süßliches Obst mit herzhaftem Fleisch- und herbem Biergeschmack kombiniert wird.

Blutwurst mit sauren Linsen

Linsen und Blutwurst sind in Thüringer Kochtöpfen schier unzertrennlich. Mit einer Einschränkung: Wo die Blutwurst ist, sind nicht immer die Linsen, aber wo die Linsen sind, da ist die Blutwurst nicht weit.

Zutaten

350 g Linsen
2 Stange Porree
1 Petersilienwurzel
1 Stück Sellerieknolle
2 Karotten
2–3 EL Essig
100 g durchwachsener Speck
2 Zwiebeln
500 g frische Blutwurst
Salz

Zubereitung

1 Die Linsen am Vortag in 1–1 ½ l Wasser einweichen. Porree, Petersilienwurzel, Sellerie und Karotten putzen, waschen und abgetropft in kleine Stücke schneiden. Mit den Linsen im Einweichwasser bei milder Hitze ca. 1 ¼ Stunden garen. Anschließend mit Salz und Essig kräftig-pikant abschmecken.

2 Den Speck würfeln und in einer Pfanne auslassen. Die Zwiebeln abziehen, fein würfeln und im Speckfett knusprig braten. Die Speck- und Zwiebelwürfel über die Linsen geben. Die Blutwurst im Speckfett anbraten und mit den Linsen anrichten. Dazu Salzkartoffeln servieren.

Linsen gibt es in verschiedenen Sorten. Am beliebtesten sind Tellerlinsen (klassische Eintopflinsen), die schwarzen Belugalinsen (sehr fein im Geschmack und fest in der Konsistenz), die grünlich-braunen Puy-Linsen (ideal für Salate) und die roten Linsen, die bereits geschält sind und daher schnell gar. Das gilt übrigens auch für gelbe Linsen.

Fuhrmannsbraten

Die Thüringer Fuhrleute brachten vor Jahrhunderten Gewürze, Weine oder Nordsee-Heringe nach Thüringen und kamen weit im Land herum. Vielleicht hatten sie eine Vorliebe für dieses Gericht, wenn sie unterwegs Rast hielten. Vielleicht hat der Braten seinen Namen aber auch daher, dass die Fuhrleute Zutaten wie Gewürze als Erste kennenlernten und begutachteten.

Zutaten

50 g Schmalz
1,5 kg hohe Rippe vom Rind
150 g Suppengrün
1 Zwiebel
1 Tomate
1 Lorbeerblatt
4 Pimentkörner
1 TL gehackter Kümmel
1–2 EL saure Sahne
1–2 EL Mehl
Paprika
Salz
Pfeffer

Zubereitung

1 Das Schmalz in einem eisernen Schmortopf erhitzen. Das Fleisch salzen und pfeffern, mit Paprika einreiben und in dem heißen Fett beidseitig braun anbraten.

2 Nun das Suppengrün putzen, waschen und klein schneiden. Die Zwiebel abziehen und hacken. Beides mit dem Fleisch anrösten, dabei öfter umrühren. Anschließend die Tomate waschen, den Strunk entfernen, klein schneiden und mit den Gewürzen zugeben. Alles weiter kräftig anrösten, dann mit 375 ml Wasser angießen und für 1 ½–2 Stunden schmoren lassen.

3 Das Fleisch herausnehmen. Die saure Sahne mit dem Mehl verrühren, den Fond damit eindicken und mit Salz und Pfeffer abschmecken. Die Soße durch ein Sieb gießen und in der Sauciere extra servieren. Den Braten ergänzen vorzüglich Thüringer Klöße (Rezept Seite 128) und gedünsteter Lauch.

Anstatt mit Lauch ist der Fuhrmannsbraten auch mit Schwarzwurzelgemüse ein wahrer Genuss.

Auch wenn die traditionellen Klöße in Thüringen einfach dazugehören, schmeckt dieses Gericht mit Kartoffeln ebenso köstlich.

Eisenacher Kachelwurst

Ob Martin Luther während seiner Zeit in Eisenach die Kachelwurst aß, weiß man nicht – aber sie hätte ihm sicher geschmeckt.

Zutaten

1 kg Schweinekamm
1 Rippe Schweinebauch
1 Lorbeerblatt
5–8 kleine Brötchen
2 große Zwiebeln
Majoran
250 ml Schweineblut
Fett zum Braten
Salz
Pfeffer

Zubereitung

1 Das Fleisch mit dem Lorbeerblatt und dem Salz nicht zu weich kochen.

2 Die Brötchen in Würfel schneiden, mit der Fleischbrühe übergießen und etwas stampfen.

3 Das Fleisch klein schneiden. Die Zwiebeln abziehen und würfeln. Beides zusammen mit den Gewürzen unterheben und abschmecken.

4 Das Schweineblut durchsieben und zum Schluss zur Masse hinzufügen.

5 Eine Bratpfanne mit Fett ausreiben, die Wurstmasse hineingeben und alles in den heißen Backofen schieben. Das Ganze 1 ½ Stunden bei mittlerer Hitze backen, bis die Oberfläche schön knusprig wird.

Wie die Rostbratwurst entstammt auch die Kachelwurst dem häuslichen Schlachtfest. Sie hat ihre Anhänger vor allem in der Eisenacher Gegend. Der Rostbratwurst konnte sie allerdings nicht den Rang ablaufen.

Pfannenkloß

Ein kräftiges Gericht mit ausgezeichnet aufeinander abgestimmten Geschmackskomponenten. Aus der Unmenge thüringischer Kloßrezepte ragt dieses dadurch heraus, dass es auf die Zutat Kartoffel verzichtet.

Zutaten

1 kg Schweinefleisch
1 kg Mehl
15 g Hefe
500 ml Milch
1 Ei
250 g Butter
Muskat
20 Birnen
Zucker
Salz
Pfeffer

Zubereitung

1 Das Schweinefleisch am Vortag mit 1 Esslöffel Salz und etwas Pfeffer einreiben und ca. 12 Stunden gut durchziehen lassen.

2 Aus dem Mehl, der Hefe und 150 ml lauwarmer Milch einen Vorteig kneten und 45 Minuten gehen lassen. Dann die restliche Milch, das Ei, die Butter, 1 Teelöffel Salz und etwas Muskat zugeben, alles zu einem nicht zu festen Teig verkneten und diesen weitere 45 Minuten gehen lassen.

3 Die Birnen schälen und mit Zucker bestreuen. Dann in die Mitte einer großen, gut schließenden Pfanne das Schweinefleisch legen, auf die eine Seite den Teig, auf die andere die Birnen. Die Pfanne anschließend bis zur Hälfte mit kaltem Wasser füllen und in den Backofen schieben. Hier muss die Speise 3 Stunden bei mäßiger Hitze backen, sodass Kloß und Fleisch eine braune Kruste bekommen. Sollte die Soße zu sehr einkochen, etwas Wasser nachgießen.

Anstatt Birnen können Sie alternativ auch Äpfel verwenden. Hier sollten Sie jedoch vorab das Kerngehäuse entfernen.

Rhön-Schäfer-Essen

Ursprünglich ein Kirmes-Essen, kommt dieses Gericht bei den Thüringern noch heute regelmäßig auf den heimischen Esstisch.

Zutaten

600 g Hammelfleisch vom Blatt oder Rücken, ohne Knochen
1 Knoblauchzehe
500 g Zwiebeln
1 Lorbeerblatt
Kümmel
gekörnte Brühe
Salz
Pfeffer

Zubereitung

1 Das Hammelfleisch abspülen, trocken tupfen und anschließend mit Salz und dem zerdrückten Knoblauch würzen. Dann mit Hilfe eines Küchenfadens oder eines fertigen Netzes zur Rollbratenform wickeln.

2 Die Zwiebeln abziehen und in Scheiben schneiden.

3 Den Rollbraten in ca. 1 Liter Wasser mit den Zwiebelscheiben, dem Lorbeerblatt, dem Kümmel, dem Pfeffer und der gekörnten Brühe in einem geschlossenem Topf ca. 2 Stunden bei schwacher Hitze gar kochen. Dazu passen Kartoffelstampf und Rote-Bete-Salat.

Auch Bohnensalat schmeckt hervorragend zu diesem Gericht.

Nachdem in Thüringen zur Rinder- und Schweinezucht mehr und mehr auch die Schafzucht hinzukam, hielt das Hammelfleisch Einzug in die thüringische Küche. Zur Kirmes wurde vielerorts der fetteste Hammel dem Erntefest geopfert. Aber die Schäfer mussten damit nicht bis zur Kirmes warten, sie hatten ihre eigenen Feste – die weit verbreiteten Schäferfeste. Seither ist der Hammel, gekocht oder gebraten, nicht nur eine Empfehlung für das Schäfer-Essen.

Rindfleischwürfel pikant geschmort

Mit diesem Gericht beweisen die Thüringer, dass Bier nicht nur gekühlt aus dem Glas schmeckt. Auch zum Verfeinern von Soßen ist es köstlich.

Zutaten

500 g Rindfleisch (für Gulasch geeignet)
500 ml Bier
300 g Zwiebeln
100 g Schinkenspeck
Fleisch- oder gekörnte Brühe
100 g Tomatenmark
60 g Weizenmehl
Saft von 1 Zitrone
1 Bund Dill oder Petersilie
Paprika
Kümmel
Majoran
Salz
Pfeffer

Zubereitung

1 Das Rindfleisch abspülen, trocken tupfen und in ca. 1 cm große Würfel schneiden. Die Fleischwürfel in einer Porzellanschüssel mit dem Bier 6 Stunden kühl stellen.

2 Die Zwiebeln abziehen und in Würfel schneiden. Den Schinkenspeck ebenfalls würfeln und mit den Zwiebeln in einem flachen Gefäß glasig anschwitzen. Danach die abgetropften Rindfleischwürfel hinzugeben, mit Salz, Pfeffer, Paprika, gehacktem Kümmel und einer Spur Majoran würzen, mit der Fleischbrühe ablöschen und zugedeckt auf kleiner Flamme oder im Backofen weich schmoren. Von Zeit zu Zeit etwas Wasser oder Brühe angießen. Die Flüssigkeit muss das Fleisch gerade bedecken.

3 Wenn die Rindfleischwürfel fast weich sind, das Tomatenmark unterziehen. Danach das Weizenmehl mit etwas Wasser verrühren und die Soße damit binden, den Zitronensaft hinzufügen und kurz durchkochen.

4 Den Dill bzw. die Petersilie waschen, trocken schütteln, fein hacken und vor dem Servieren über das Fleisch streuen. Lockerer Kartoffelbrei oder Butterreis als Beilage passen optimal.

Fast ebenso oft wie Wein wird in der thüringischen Küche Bier zur Veredelung des Geschmacks von Fleischgerichten verwendet. Waren Brauhäuser in Thüringen ursprünglich nur von den Klöstern erbaut worden, so entwickelten sich mit dem Entstehen der Städte im 10. Jahrhundert auch die privaten Brauereien.

Rostbrätel

Dieses Schweineschnitzel, das traditionell über Holzkohlefeuer auf dem Rost gebraten wird, ist in Thüringen so etwas wie der vornehme Verwandte der Rostbratwurst.

Zutaten

2 Zwiebeln
4 dicke Schweineschnitzel (à ca. 200 g)
helles Bier
Schmalz
scharfer Senf
Brot nach Belieben
Salz
Pfeffer

Zubereitung

1 Am Vortag die Zwiebeln abziehen und in Würfel schneiden. Diese mit dem Bier mischen und die Schnitzel darin über Nacht einlegen.

2 Die Schnitzel abtropfen lassen, mit Salz und Pfeffer kräftig würzen. In einer Pfanne das Schmalz erhitzen und die Schnitzel unter häufigem Wenden darin knusprig braun braten. Dabei öfter mit Bier bestreichen.

3 Die fertig gebratenen Schnitzel aus der Pfanne nehmen, das Fett ein wenig abtropfen lassen und mit scharfem Senf und Brot genießen.

Für den Hausgebrauch tut es auch eine Pfanne, aber um den authentischen Geschmack des Rostbrätels zu erhalten, sollte man das Schnitzel auf einem Holzkohlegrill zubereiten.

Räuberspieße

Ob Lagerfeuer oder Holzkohlerost – Gegrilltes gehört in Thüringen zur romantischen Stimmung von Mahlzeiten in der Natur.

Zutaten

2 Schweinelendchen
250 g Rauchfleisch
4 Bockwürste
1 Zwiebel
2 Gewürzgurken
2 dicke Scheiben Weißbrot
3 EL Öl
Paprika
Salz
Pfeffer

Zubereitung

1 Die Schweinelendchen abspülen, trocken tupfen und in kleine Scheiben schneiden. Danach leicht mit der Hand klopfen und mit Salz, Pfeffer und Paprika würzen. Das Rauchfleisch und die Bockwürste ebenfalls in Scheiben schneiden.

2 Die Zwiebel abziehen und in Stücke schneiden. Die Gewürzgurken in Scheiben schneiden und das Weißbrot würfeln.

3 Alles abwechselnd auf Spieße stecken – an beiden Enden sollte sich Brot befinden. Anschließend mit dem Öl einpinseln und auf dem Rost grillen.

Die Inspiration für dieses Rezept ist in den Köhlerhütten des 16. Jahrhunderts zu finden. Reisende ließen sich dort gegrillte Imbisse, wie Röstbrote, „Bebes“ genannt, und Spießbraten schmecken.

Rotwickel mit Rinderfüllung

Die Rotwickel sind etwas weniger bekannt als die Krautwickel. Sie sind zwar aufwändiger in der Herstellung – aber dafür umso leckerer!

Zutaten

8 große Rotkrautblätter
3 EL Essig
1 Gewürznelke
1 Brötchen
200 g Steinpilze oder Pfifferlinge
50 g Butter
650 g Hackfleisch vom Rind
1 Ei
2 EL süße Sahne
250 l Fleischbrühe
1 EL Mehl
etwas Rotwein
Zucker
Salz
Pfeffer

Im Gemüsebau Thüringens nimmt der Anbau von verschiedenen Kohlsorten einen herausragenden Platz ein. Dementsprechend häufig wird auch in der thüringischen Küche Kohl verwendet – sei es als Gemüsebeilage, Hauptgericht oder Suppengrundlage.

Zubereitung

1 Die Rotkrautblätter in 1 Liter Wasser mit dem Essig, der Nelke und jeweils eine kräftigen Prise Salz, Pfeffer und Zucker ca. 5 Minuten kochen und dann in ein Sieb abgießen. Das Brötchen in Wasser einweichen.

2 Die Pilze mit einem Küchenpinsel säubern. Nicht waschen, da sie sich schnell mit Wasser vollsaugen und an Geschmack verlieren! Die Stielenden entfernen und die Pilze klein schneiden. Die Hälfte der Butter in einer Pfanne erhitzen und die Pilze darin weich dünsten.

3 Das Brötchen ausdrücken. Aus dem Rindergehackten, dem Ei, dem Brötchen, der Sahne, Salz und Pfeffer eine Masse herstellen, unter die man abschließend die Pilze rührt.

4 Auf die Rotkohlblätter gleichmäßig die Hackmasse verteilen, dann die belegten Blätter zu Rouladen aufrollen. Den Backofen auf 180 °C (Umluft 160 °C) vorheizen.

5 In einer Ofenpfanne die restliche Butter erhitzen und die Rotkrautwickel eng nebeneinander hineinlegen. In den Backofen schieben und die Brühe zugießen, sobald die Wickel etwas angebräunt sind. Nach insgesamt 1 Stunde Bratzeit sind die Rotkrautwickel gar.

6 Das Mehl mit etwas Rotwein anrühren und den Bratsud damit binden. Nochmals aufkochen lassen und mit Salz, Pfeffer und einer Prise Zucker herzhaft abschmecken.

Süß-saures Schweinefleisch

Die Verbindung geschmacklich gegensätzlicher Zutaten verstärkt den Gaumenkitzel und wird nicht nur in Thüringen seit langer Zeit bewusst eingesetzt. Die ausgewogenen Zutaten in diesem Rezept geben dem Fleisch den süß-sauren Geschmack und lassen das Gericht zu einer pikanten Mahlzeit werden.

Zutaten

2 Zwiebeln
500 g geräuchertes Schweinefleisch
Butterschmalz
ca. 1 l Fleischbrühe
1 Handvoll Korinthen
1 Lorbeerblatt
je 4–5 Pimentkörner und Wacholderbeeren
1 EL Mehl
Sirup
Essig
Salz
Pfeffer

Zubereitung

1 Die Zwiebeln abziehen und fein würfeln. Das Fleisch kurz auf beiden Seiten in Butterschmalz anbraten, die Zwiebeln dazugeben und goldgelb werden lassen.

2 Mit der Fleischbrühe aufgießen, die Korinthen, das Lorbeerblatt, die Pimentkörner, die Wacholderbeeren sowie Salz und Pfeffer hinzufügen und ca. 1 ½ Stunden garen lassen.

3 Das Mehl mit etwas Wasser anrühren und die Soße damit andicken, danach mit Sirup und Essig abschmecken. Dazu passen Kartoffelklöße.

Viehzucht in Thüringen war anfänglich Rinder-, später auch Schweinezucht. Und seitdem sind Schweine in Thüringen so beliebt, dass fast alle ihrer Art dieser Gunst ihr Leben opfern müssen. Denn der Thüringer isst durchschnittlich immerhin ein stattliches Schwein im Jahr.

Schweinezunge mit Meerrettichsoße

Meerrettich verleiht dem Geschmack dieses Gerichtes eine besondere Raffinesse. Probieren Sie aus, wieviel Schärfe Sie vertragen!

Zutaten

2 Knoblauchzehen
2 Zwiebeln
500 g Schweinezunge
1 Lorbeerblatt
Pimentkörner
Wacholderbeeren

Für die Soße:
150 g frische Meerrettichwurzel
50 g Butter
1 Zwiebel
50 g Mehl
1 Schuss Weißwein
200 ml süße Sahne
Saft von 1 Zitrone
Zucker
Salz
Pfeffer

Zubereitung

1 Den Knoblauch und die Zwiebeln abziehen und die Zwiebeln in Stücke schneiden. Die Zunge mit den Zwiebeln, dem Knoblauch, etwas Salz und den anderen Gewürzen ca. 1 ½ Stunden weich kochen, abkühlen lassen und die Haut abziehen.

2 Für die Soße den Meerrettich putzen und in Scheiben schneiden. Die Zwiebel abziehen und fein hacken. Die Butter in einer Pfanne erhitzen und den Meerrettich zusammen mit der Zwiebel darin dünsten. Mit Mehl bestäuben, gut verrühren, den Weißwein und etwas Zungenkochwasser aufgießen und eindicken lassen. Den dicken Sud durch ein Sieb streichen und anschließend die süße Sahne und den Zitronensaft sowie 2–3 Butterflöckchen unterrühren. Nochmals kurz aufkochen lassen und mit Salz, Pfeffer und einer Prise Zucker nachwürzen.

3 Die Zunge längs in Scheiben schneiden und mit der Meerrettichsoße übergießen. Dazu passen sehr gut Thüringer Klöße.

Den Meerrettich bauen die Thüringer ebenso wie Knoblauch, Majoran und vieles andere für den Eigenbedarf in ihren Gärten an.

Alternativ zu dem frischen Meerrettich können Sie auch geriebenen Meerrettich aus dem Glas verwenden.

Schweißkuchen

Dieser Kuchen ist nichts für die Kaffeetafel … Wer jedoch eine Vorliebe für würzig-kräftige Gerichte hat, wird dieses Gericht lieben!

Zutaten

5 Zwiebeln
½ Knoblauchzehe
300 g Schweinebauch
1 Lorbeerblatt
2–3 Gewürznelken
2–3 altbackene Brötchen
1 Stange Porree
200 g Hackfleisch
500 ml Schweineblut
Majoran
Salz
Pfeffer

Der etwas unappetitliche Name „Schweißkuchen" bezieht sich auf den weidmännischen Begriff „Schweiß" für Blut. Ob es auch ein Jäger war, der dieses Rezept entwickelt hat, bleibt reine Spekulation …

Zubereitung

1 Die Zwiebeln und die Knoblauchzehe abziehen und klein schneiden. Den Schweinebauch in kochendem Gewürzsud aus Wasser, Salz, dem Lorbeerblatt, den Nelken und die Hälfte der Zwiebeln fast gar kochen und dann in Würfel schneiden.

2 Die altbackenen Brötchen in grobe Würfel schneiden und in einem Teil der entstandenen Fleischbrühe einweichen. Den Porree putzen, waschen und in feine Ringe schneiden.

3 Zu den Fleischwürfeln das Hackfleisch und die restlichen Zwiebeln geben. Danach mit Salz, Pfeffer, Majoran und wenig Knoblauch würzen und die Masse gut durchmischen. Die eingeweichten Brötchen hinzufügen und das Schweineblut unterrühren.

4 Den Backofen auf 180 °C (Umluft 160 °C) vorheizen. Die Masse nun in eine gut gefettete Pfanne geben, glatt streichen und im vorgeheizten Backofen ½ Stunde backen, danach noch einmal gut durchrühren. Nach weiteren 30 Minuten Backzeit unter Rühren die fein geschnittenen Lauchstreifen hinzufügen. Nach ca. 15 Minuten bildet sich eine Kruste und der Schweißkuchen ist fertig gegart.

Sauerkraut und Kartoffelstampf sowie ein Glas Buttermilch ergänzen diesen würzigen „Kuchen" auf das Beste. Man kann als Beilagen aber auch Röstkartoffeln mit rohem Sauerkrautsalat servieren.

Stolzer Heinrich

Der Name dieser sauer eingelegten Thüringer Bratwürste ist vermutlich eine Anspielung auf die säuerliche Miene von König Heinrich IV bei seinem Gang nach Canossa.

Zutaten

8 Bratwürste
20 g Butter
2 EL Mehl
250 ml Fleischbrühe
1 EL Essig
2 Lorbeerblätter
1 unbehandelte Zitrone
5–6 Kapern
50–60 ml Wein
Rosmarin
Ingwerpulver
Salz
Pfeffer

Zubereitung

1 Die Bratwürste halbgar braten. Die Butter in einer Pfanne zerlassen und das Mehl darin anbräunen. Etwas Fleischbrühe und Essig angießen, die Lorbeerblätter, etwas Rosmarin, Salz, Pfeffer und etwas Ingwerpulver zugeben und zusammen kochen.

2 In diese Soße die Bratwürste legen. Dann die Zitrone heiß abwaschen, gründlich trocken reiben und in Scheiben schneiden. Diese mit den Kapern und dem Wein in die Soße geben und alles bei schwacher Hitze kurz durchziehen lassen.

Der als Redewendung für einen Bittgang heute gebräuchliche Ausdruck „Gang nach Canossa" beruht auf einer historischen Begebenheit: König Heinrich IV musste aufgrund eines Streits mit dem damaligen Papst Gregor VII diesem Abbitte leisten, indem er einen Bußgang zur Burg Canossa antrat, wo der Papst sich aufhielt.

Topfbraten

Dieses weit verbreitete, deftige Fleischgericht ist ganz bestimmt ein Abkömmling der traditionellen Hausschlachtung. Alles, was nicht weiterverarbeitet wurde, kam in den Topf und wurde zum schnell bereiteten Thüringer Topfbraten.

Zutaten

3 Zwiebeln
250 ml Fleischbrühe
6 Pfefferkörner
4 dicke Scheiben Honigkuchen
1 kg Zunge, Schnauze, Backe, Niere, Herz, Ohr und einige Schwarten vom Schwein
½ unbehandelte Zitrone
Zucker
Weinessig
gemahlene Nelken
Salz

Zubereitung

1 Die Zwiebeln abziehen und in Ringe schneiden. Die Zwiebelringe anschließend mit ½ Teelöffel Zucker und ½ Teelöffel Salz in dem Weinessig kochen und dann zur Fleischbrühe gießen. Mit gemahlenen Nelken und Pfefferkörnern abschmecken.

2 Den Honigkuchen fein reiben und der Brühe hinzufügen, bis die Soße sämig wird.

3 Das Fleisch in Stücke schneiden und in die Soße geben.

4 Die Zitrone waschen, in Scheiben schneiden und ebenfalls zur Soße geben. Das Ganze aufkochen und köcheln lassen, bis die Fleischteile bissfest sind. Nochmals mit Salz, Zucker und Essig abschmecken. Dazu rohe Kartoffelklöße, Klöße von gekochten Kartoffeln oder Mehlklöße servieren.

Anstatt Honigkuchen können Sie während der Adventszeit auch Lebkuchen verwenden. Das verleiht dem Topfbraten eine weihnachtliche Note.

Wickelhütes mit Kraut, Gemüs und Fleisch

Dieses Gericht ist sehr aufwändig, deshalb kocht man es in großen Mengen. Somit ist es das ideale Menü, wenn Sie mal viele Leckermäuler zum Essen einladen möchte. Das Potpourri aus heimischen Gemüsen, Gewürzen, Fleisch und Teig ist auf jeden Fall immer ein Genuss.

Zutaten für 6–8 Personen

1,25 kg Pökelkamm
Selleriegrün
2 Zwiebeln
1 Karotte
500 g Sauerkraut
100 g Schmalz
1 Lorbeerblatt
4–6 Wacholderbeeren
1,5 kg Porree
Schnittlauch
Majoran
Pfefferkörner
Zucker
Salz
Pfeffer

Für die Wickelhütes:
750 g Mehl
9 Eier
4 gekochte, durchgedruckte Kartoffeln
150 g Paniermehl (weitere 5 EL für das Gemüse)
200 g Margarine

Zubereitung

1 Den Pökelkamm waschen und trocken tupfen. Anschließend das Selleriegrün waschen, trocken schütteln und klein schneiden. Eine der Zwiebeln abziehen und die Karotte schälen, beides in grobe Stücke schneiden und mit dem Fleisch und dem Selleriegrün in einen Topf geben. Mit etwas Majoran und einigen Pfefferkörnern gar kochen und warm halten.

2 Für die Wickelhütes das Mehl, die Eier (etwas Eigelb trennen und beiseite stellen), die Kartoffeln und eine Prise Salz zu einem glatten Teig verarbeiten, ca. 15 Minuten ruhen lassen und dann dünn ausrollen.

3 Das Paniermehl in 100 g Margarine bräunen, den Rest der Margarine auf den Teig streichen und das Paniermehl darüber verteilen.

4 Den Teig länglich formen, zusammenrollen und in Portionsstücke von ca. 15 cm schneiden. Anschließend die Enden fest zusammendrücken und die Kanten mit Eigelb bestreichen.

5 Die zweite Zwiebel abziehen, klein schneiden und in dem Schmalz ausdünsten. Das Sauerkraut hinein setzen, die Pökelkammbrühe aufgießen und mit dem Loorbeerblatt und den Wacholderbeeren würzen. Wenn das Kraut kocht, die Wickelhütes darauf legen. Das Ganze zugedeckt ca. 40 Minuten garen lassen.

6 Inzwischen den Porree gründlich putzen, waschen und in 2 cm große Stücke schneiden, kurz in kochendes Wasser geben, danach mit kaltem Wasser abschrecken. Die Porreestücke in der Pökelkammbrühe gar kochen, 5 Esslöffel Paniermehl, Salz und Pfeffer hinzufügen und nochmals aufkochen.

7 Den Schnittlauch waschen, trocken schütteln und fein hacken. Vor dem Servieren die Portionen damit bestreuen.

Gänsekeulen in Rotwein geschmort

Ein Festmahl, das ganz besonderen Anlässen vorbehalten ist.

Zutaten

4 Gänsekeulen
Beifuß
100 g Schmalz
1 großer Apfel
2 mittelgroße Zwiebeln
500 ml Rotwein
50 g Maisstärke
Butter
Salz
Pfeffer

Zubereitung

1 Die Gänsekeulen mit Salz, Pfeffer und Beifuß einreiben, von beiden Seiten gut anbraten und aus der Pfanne nehmen.

2 Die Zwiebeln abziehen. Den Apfel (inklusive Schale und Kerngehäuse) und die Zwiebeln in ca. 1 cm große Würfel schneiden und im Bratfett der Keulen anrösten. Mehrmals mit Wasser kurz ablöschen, damit die Soße eine schöne braune Farbe erhält.

3 Die Keulen wieder hinzugeben, den Rotwein angießen und zugedeckt weich schmoren. Die Soße leicht mit Maisstärke binden, etwas nachwürzen, passieren und je nach Geschmack mit einem walnussgroßen Stück Butter verfeinern.

Die Gans, die für die Germanen ein Symbol ehelicher Treue war, stand jahrhundertelang auf der Liste der Fastenspeisen. Zum Glück, denn das hat ihr offensichtlich den Weg in die weihnachtliche Küche geebnet.

Mit dem Martinsfest alljährlich am 11. November steht die Gans ebenfalls in Verbindung. Schon 1332 sollen die Domherren zu Nordhausen ihre Martinsgans gegessen haben. Zum Gänsebraten gibt es in Thüringen natürlich die berühmten Thüringer Klöße.

Gekochte Gans mit Meerrettich

Das edle Geflügel steht bei den Thüringern hoch im Kurs. Schon auf den Tafeln thüringischer Könige, Herzöge und Grafen durfte es nicht fehlen.

Zutaten

1 Gans, küchenfertig ausgenommen
3 Zwiebeln
1 Bund Suppengrün
4 g Pfefferkörner
4 g Ingwer
2 g Nelken
5 Lorbeerblätter
50 g Salz

Für die Soße:
1 l süße Sahne
150 g geriebener Meerrettich
125 g Mandeln
65 g Zucker

Zubereitung

1 Die Gans in eine saubere Stoffserviette wickeln und in einen Bräter legen, der so tief ist, dass das eingefüllte Wasser die Gans bedeckt.

2 Die Zwiebeln abziehen und in Würfel schneiden. Das Suppengrün putzen, waschen und klein schneiden. Beides mit dem Ingwer, den Nelken, den Lorbeerblättern, dem Salz und dem Pfeffer zur Gans in den Bräter geben. Die Gans in dieser Brühe völlig weich kochen und dann auskühlen lassen. Danach die Gans herausnehmen, ringsum abtrocknen und in einer weißen Serviette zu Tisch bringen.

3 Für die Meerrettichsoße die süße Sahne aufkochen und abkühlen lassen. Anschließend den frisch geriebenen Meerrettich, die gemahlenen Mandeln und den Zucker unter die süße Sahne rühren und zu der Gans servieren.

a.

b.

Bild a: Schälen Sie so viel von der Meerrettichwurzel ab, wie Sie benötigen. Den Rest ungeschält lagern. Beim Schälen auch darauf achten, grüne Stellen zu entfernen. Das geschälte Wurzelstück für 30 Minuten in kaltes Wasser legen. Auf diese Weise wird die Wurzel fest und lässt sich besser verarbeiten.
Bild b: Zum Schluss den Meerrettich im 90-Grad-Winkel über die Reibe gleiten lassen. Auf diese Weise vermindern Sie das Risiko, dass die Wurzel ausfranst und faserig wird. Achtung: Reiben Sie den Meerrettich am besten bei offenem Fenster oder unter der Dunstabzugshaube, damit Sie die enthaltenen Senföle nicht zu Tränen rühren!

e0,33l
1411
DORFER
Pils

Rehbraten in Rahmsoße

Wegen des hohen Preises für Wildfleisch ist Rehbraten auch heute noch ein exklusives Festessen.

Zutaten

1,5 kg Rehkeule oder -rücken
100 g fetter Speck
2 EL Öl
80 g Margarine
8–10 Wacholderbeeren
500 ml Fleischbrühe
1 Glas Rotwein
2 EL Mehl
1 EL Johannisbeer- oder Kirschkonfitüre
Zitronensaft
250 g saure Sahne
Salz
Pfeffer

Zubereitung

1 Das Fleisch häuten, abspülen und trocken tupfen. Den kaltgelegten Speck in 3–4 cm lange, dünne Keile schneiden und damit das Fleisch gegen die Faserrichtung spicken. Anschließend mit Salz und Pfeffer einreiben. Den Backofen auf 180 °C (Umluft 160 °C) vorheizen.

2 Das Öl in einer Pfanne stark erhitzen und die Margarine hineingeben. Das Fleisch von allen Seiten unter häufigem Übergießen anbraten. Die Wacholderbeeren zerdrücken und zum Bratfett geben, danach die heiße Fleischbrühe und den Rotwein aufgießen. Die Pfanne zudecken und den Braten im vorgeheizten Backofen garen (Rehkeule 90 Minuten, Rehrücken 40 Minuten). Das Fleisch herausnehmen und warm stellen.

3 Den Bratensaft mit etwas Wasser loskochen, mit angerührtem Mehl binden, die Konfitüre dazugeben und aufkochen. Danach mit Salz, Pfeffer und Zitronensaft abschmecken.

4 Die saure Sahne unterrühren, nochmals aufkochen und die Soße durch ein Sieb passieren. Den Rehbraten in Scheiben schneiden, mit der Rahmsoße begießen, dazu Apfelrotkohl und Thüringer Klöße servieren.

Die Landsherren sorgten sich schon immer um einen guten Wildbestand, sodass die Jägerei auch den Speisezettel in Thüringen um so manchen Braten bereichert hat.

Gemüsegerichte & Beilagen

Aschkloß

Ein sehr schmackhafter Vertreter aus der riesigen Familie der Thüringer Klöße. Die gebackene Variante ist ein Fantasieprodukt thüringischer Hausfrauen.

Zutaten

800 g Kartoffeln
20 g Mehl
20 g Kartoffelmehl
150–200 g magerer gewürfelter Speck
2 Brötchen
125 ml Milch
2 Eier
Salz
etwas Pfeffer

Zubereitung

1 Zunächst 300 g Kartoffeln kochen, pellen und erkalten lassen.

2 Die restlichen rohen Kartoffeln reiben und in einem Säckchen auspressen. Dann die gekochten Kartoffeln durch die Presse drücken. Beide Kartoffelmassen mit dem Mehl, den Speckwürfeln und etwas Salz und Pfeffer gut durchkneten.

3 Den Kloßteig in eine gefettete Backform einfüllen, die Brötchen in Scheiben schneiden und darüber verteilen. Abschließend Milch und Eier mit etwas Salz glatt schlagen und über die Brötchenscheiben gießen. Die Backform bei mittlerer Hitze ca. 1 Stunde ausbacken. Stückchen aus dem Aschkloß schneiden und servieren. Passt sehr gut zu jeder Art von Braten.

Beim Aschkloß handelt es sich um die Thüringer Variante des Topfenkuchens. Woher er seinen Namen hat? „Asch“ werden in Thüringen tiefe Schüsseln genannt. In diesen lassen sich Mehlspeisen, wie auch der Aschkloß, am besten vorbereiten.

Gebackener Blumenkohl

Von den vielen Zubereitungsvarianten für Blumenkohl ist diese in Thüringen eine der gebräuchlichsten. Da kann man getrost auf Fleisch verzichten.

Zutaten

1 mittelgroßer Blumenkohl
3 EL Weizenmehl
2 Eier
200 g Brötchenkrumen
ca. 1 l Speiseöl
50 g Butter
Salz
weißer Pfeffer

Zubereitung

1 Den Blumenkohl putzen, waschen, in Röschen zerteilen und etwa 1 Stunde in kaltes Salzwasser einlegen. Danach in kochendes Wasser geben und gar ziehen lassen. Dabei sollen die Blumenkohlröschen nicht zu weich werden. Mit kaltem Wasser abschrecken und gut abtropfen lassen.

2 Das Speiseöl in einem tiefen Topf erhitzen. Den Blumenkohl mit dem Salz und dem weißem Pfeffer würzen. Anschließend mit dem Mehl, dem verrührten Ei und den Brötchenkrumen panieren und in dem heißem Speiseöl goldgelb ausbacken. (Das Öl kann danach weiterverwendet werden.)

3 Die Butter in einem weiteren Topf schmelzen und die gebackenen Blumenkohlröschen vor dem Servieren damit übergießen.

Allein ist der gebackene Blumenkohl schon eine Gaumenfreude. Ergänzt man den knusprigen Snack mit Salzkartoffeln und einem knackig-grünen Salat, hat man eine vollwertige Mahlzeit, die garantiert alle am Esstisch begeistert.

Gefüllte Gurken in Folie

Außer Fleisch lieben die Thüringer auch ihr Gemüse, wie diese leckere Kombination beweist.

Zutaten

2 mittelgroße Salatgurken
1 kleine Zwiebel
250 g Gehacktes vom Rind, Schwein oder gemischt
2–3 TL Speiseöl
1 Bund Dill oder Petersilie
50 g Butter
Paprika
Salz
Pfeffer

Zubereitung

1 Die Gurken waschen, schälen, längs halbieren, mit einem Kaffeelöffel vom Kerngehäuse befreien und in ca. 8 cm lange Stücke schneiden.

2 Die Zwiebel abziehen, in kleine Würfel schneiden und mit dem Hackfleisch vermengen. Die Gurkenhälften damit füllen und jeweils 2 Stücke mit den Schnittflächen zusammensetzen.

3 Den Backofen auf 180 °C (Umluft 160 °C) vorheizen. Alufolie mit Öl bestreichen, die Gurken darauf setzen und mit fein gehackten Kräutern bestreuen. Anschließend mit Butterflocken bedecken und fest einrollen. Besonders wichtig ist, dass die Enden der Folie dicht verschlossen sind, damit beim Garen auf dem Grill oder im Backofen der Fleischsaft nicht ausläuft. Die Garzeit beträgt ca. 15 Minuten.

Gehackte Fleischware wurde in Erfurt schon im 12. Jahrhundert auf dem Markt in Schüsseln und Näpfen verkauft und ist bis heute äußerst beliebt bei den Thüringern. So haben sie mit diesem Gericht Fleisch und Gemüse auf kreative Weise vereint und ein Pendant zu gefüllten Paprikaschoten geschaffen.

Himmel und Aarn

Eines der zahlreichen einfachen Gerichte aus der alten thüringischen Küche. Es kam auf den Tisch, was Himmel und Erde eben hergaben – Hauptsache, es machte satt.

Zutaten

500 g Kartoffeln
500 g Äpfel
50 g Speck
etwas süße Sahne
Salz

Zubereitung

1 Die Kartoffeln waschen, schälen, in Stücke schneiden und in gesalzenem Wasser halb weich kochen.

2 Die Äpfel waschen, entkernen, schälen und ebenfalls in Stücke schneiden. Die Apfelstücke zu den Kartoffeln geben und alles zusammen gar werden lassen.

3 Den Speck in einer heißen Pfanne auslassen.

4 Die gegarten Äpfel und Kartoffeln zerdrücken und mit dem Speck verrühren. Ein Schuss Sahne rundet das Ganze ab.

Die Hausfrauen in Thüringen waren schon immer – sofern sie sich aufs Kochen verstehen, und da gibt es wenige Ausnahmen – in der Küche ausgesprochene Verwertungskünstlerinnen. Nur wenige Zutaten immer neu zu variieren, das hat ihre Fantasie angeregt und die thüringische Küche positiv geprägt.

Gefüllte Kartoffeln mit Schmand

Die Kartoffel ist hier die Hauptzutat und zugleich „Gewand" für eine gehaltvolle und würzige Füllung. Angesichts der Zutaten, vor allem des in der thüringischen Küche vielfach verwendeten Schmands, ein leckeres Geschmackserlebnis.

Zutaten

8 Kartoffeln
4 gewässerte und geputzte Salzheringe
1 mittelgroße Zwiebel
40 g Butter
250 g Schmand
1 Bund Schnittlauch
Zucker
Essig
Salz
Pfeffer

Zubereitung

1 Die Kartoffeln schälen, in Salzwasser fast gar kochen, abgießen und leicht abkühlen lassen. Danach längs halbieren und mit einem Kaffeelöffel die Kartoffelhälften vorsichtig aushöhlen.

2 Die Salzheringe putzen, abspülen und in nicht zu kleine Würfel schneiden. Die Zwiebel abziehen, in Scheiben schneiden und locker untermischen. Anschließend mit dem Pfeffer, etwas Zucker und dem Essig pikant würzen und kalt stellen.

3 Die ausgehöhlten Kartoffeln mit der Öffnung nach oben (eventuell etwas gerade schneiden) in eine feuerfeste Form oder auf ein Backblech setzen, mit Salz und Pfeffer würzen und mit Butterflocken darüber im Backofen oder im Grill bei Oberhitze erwärmen und leicht bräunen lassen.

4 Den Schnittlauch waschen, trocken schütteln und in feine Röllchen schneiden. Den vorbereiteten Hering in die Kartoffeln füllen und mit dem Schmand überziehen. Zum Schluss den Schnittlauch darüberstreuen.

Verzichtet man auf den Hering, ist dieses Gericht aus Kartoffeln auch eine tolle Mahlzeit für Vegetarier, die schnell und ohne viel Aufwand gezaubert ist.

Mahl-Zamette

Dieses Rezept mag sonderbar, ja fast exotisch wirken. Es ist aber echte thüringische Küche und darin schon sehr lange heimisch.

Zutaten

200 g Original Thüringer Knackwurst
200 g Zwiebeln
600 g Kartoffeln
2 Eigelb
50 g Mehl
Muskat
400 g rohes Sauerkraut
4 Tassen schwarzer Bohnenkaffee
Salz

Zubereitung

1 Die Knackwurst in Scheiben schneiden. Die Zwiebeln abziehen, würfeln und mit den Wurstscheiben anbraten.

2 Die Kartoffeln schälen, kochen und, nachdem das Wasser abgegossen ist, zerstampfen. Die Eigelbe, das Mehl, Muskat und Salz untermengen und aus der Masse kleine Kugeln von ca. 50 g formen.

3 Die Kartoffelklößchen mit der Knackwurst-Zwiebel-Mischung bräunen. Als geschmackliche Gegenpole das rohe Sauerkraut und eine Tasse schwarzen Bohnenkaffee dazu reichen.

Allein sind die Thüringer mit ihrer Vorliebe für kräftige, würzige Speisen zum Kaffee nicht – man denke nur an ein ausgiebiges englisches oder nordamerikanisches Frühstück mit beispielsweise Spiegelei mit Speck und Bohnen.

Stärkknölle

Es gibt gewiss Hunderte von thüringischen Kloßrezepten – eines köstlicher als das andere. Und so manches Rezept bleibt das Geheimnis der Hausfrauen.

Zutaten für 4–6 Personen

1 kg Kartoffeln
200 g Stärkemehl
80 g Butter
2 Brötchen
Butter
Salz

Zubereitung

1 Die Kartoffeln schälen und in Stücke schneiden. Danach in Salzwasser weich kochen, pürieren und heiß, aber nicht kochend in eine Schüssel gießen. Die Hälfte des Stärkemehls und etwas Salz darüberstreuen, kräftig rühren und dann den Rest der Stärke dazugeben.

2 Die Brötchen in Würfel schneiden und in der erhitzten Butter rösten. Aus dem Teig Klöße formen, in die Mitte geröstete Brötchenstückchen geben und die Klöße in heißem Wasser 20–25 Minuten gar ziehen lassen.

Das Rezept für die Stärkknölle stammt aus dem Städtchen Lauscha im Thüringer Wald. Ein Vers weist darauf hin, wie die Kartoffeln dafür sein sollten: „Lauschaer Knolle müssn's sei, net ner su a Zutlbrei, net sa hart und net sa wäch, ahm de richtich Knöllestäch."

Grüner Schaffkuchen

Der Name dieses Gerichtes leitet sich vom sogenannten Schaffen, einem Tiegel, ab, in dem der Kartoffelkuchen gebacken wird.

Zutaten

1,5 kg Kartoffeln
200 ml Milch
3 EL Mehl
2 Eier
250 g Speckwürfel
Salz

Zubereitung

1 Die Kartoffeln schälen, reiben und auspressen. Danach zusammen mit der Milch zum Kochen bringen. Dabei das Salz, das Mehl und die Eier unter Rühren hinzufügen.

2 Die Speckwürfel in einer Pfanne anbraten und die Kartoffelmasse anschließend in die Pfanne drücken. Dieser „Kuchen“ wird bei kleiner Flamme nur auf einer Seite gebacken, bis er fest ist. Damit er durchgart und nicht anbrennt, die Pfanne zudecken und gelegentlich leicht rütteln.

3 Zum Anrichten den „Kuchen“ in Vierecke schneiden. Am liebsten essen die Thüringer Heidelbeerkompott dazu.

Sicher passen frisch geerntete Heidelbeeren am besten zu diesem Kartoffelgericht. Aber auch TK-Beeren sind ein guter Ersatz.

Nachdem die Kartoffel vor rund 250 Jahren ihre Startschwierigkeiten in Thüringen überwunden hatte, sammelte sie zunehmend Sympathien. In den kargen Waldregionen wurde sie sogar zur Hauptnahrung. Sie streckte das Mehl, man buk Kartoffelbrot, es gab Kartoffelbutter und sogar Kaffee aus gerösteten Kartoffelwürfeln.

Serviettenkloß

Wer zu einem saftigen Rinder- oder Schweinebraten oder zu Rouladen schon einmal den Serviettenkloß probiert hat, der wird gestehen: Es müssen nicht immer die „echten Thüringer“ sein.

Zutaten

400 g altbackenes Weißbrot
500 ml Milch
4 Eier
1 Prise Muskat
Salz

Zubereitung

1 Das Weißbrot in kleine Würfel schneiden. Die Milch mit den Eiern verquirlen und mit Muskat und Salz würzen. Das Weißbrot mit der Eiermilch übergießen.

2 Wenn die Masse gut durchweicht ist, in ein ausgekochtes, feuchtes Geschirrtuch binden, welches so zusammengeknotet wird, dass dem Kloß zum Aufgehen Platz bleibt.

3 Über einen Löffelstiel in kochendes Salzwasser hängen und ca. 45 Minuten sieden lassen.

Geschirrtücher aus Baumwolle oder Leinen eignen sich am besten für einen Serviettenkloß, da sie sich gut auskochen lassen.

Der Serviettenkloß ist ein sehr angenehmer Vertreter der großen Thüringer Kloßfamilie und gehört noch heute zum traditionellen Hochzeitsschmaus in der Gegend um Meiningen.

Süßer oder saurer Rahm, eine Weinsoße oder auch Rosinen runden den Geschmack ab.

Thüringer Klöße

Ein Sonntag ohne Klöße ist kein Sonntag, so sagt man in Thüringen ...

Zutaten

2 kg Kartoffeln
Milch
3 Weizenbrötchen
etwas Butter
Salz

Zubereitung

1 Von den Kartoffeln 1 ½ kg schälen, waschen und auf einem Reibeisen in kaltes Wasser reiben. Dann das Wasser vorsichtig abgießen und so oft erneuern, bis es ganz klar ist.

2 Die restlichen Kartoffeln ebenfalls waschen, schälen, in Würfel schneiden und mit den Kartoffelresten, die beim Reiben übriggeblieben sind, kochen. Die garen Kartoffeln fein zerstampfen und mit etwas Milch zu einem dicken Brei verkochen.

3 Die rohen Kartoffeln durch ein Leinensäckchen ganz trocken auspressen und in eine Schüssel geben. Die Masse auflockern, Salz sowie den heißen Kartoffelbrei hinzugeben und alles gut miteinander vermengen. Anschließend Klöße formen.

4 Die Brötchen würfeln und in Butter rösten, diese in die Mitte jedes Kloßes füllen, die Klöße rund drehen, in kochendes Wasser geben und 15–20 Minuten ziehen, aber nicht kochen lassen. Sobald sie gar sind, servieren.

Kommt der „echte" Thüringer Kloß auf den Teller, dann wird der Sonntagsbraten für die Thüringer zur Beilage. Erfunden haben soll sie der Sage nach Frau Holle, um die Leute – so eine ironische Sagendeutung – für den sauren Saalewein zu entschädigen.

Zwiebelkuchen

Der Zwiebelkuchen wird nicht nur auf dem Weimarer Zwiebelmarkt angeboten – er ist in Thüringen überall ein Leckerbissen.

Zutaten

300 g Mehl
100 g Margarine
1,4 l Milch
25 g Hefe
80 g Grieß
1 kg Zwiebeln
100 ml Öl
1 Ei
10 g Kümmel
Salz

Zubereitung

1 Das Mehl, die Margarine, 250 ml Milch, die Hefe und 1 Prise Salz zu einem Teig verarbeiten und diesen eine Stunde gehen lassen.

2 Aus dem Grieß, 1 Liter Milch und ½ Teelöffel Salz einen Brei kochen und abkühlen lassen.

3 Die Zwiebeln abziehen, raspeln und in dem Öl mit einer Prise Salz glasig dünsten.

4 Den Teig ausrollen, nochmals kurz gehen lassen, den Brei aufstreichen und die Zwiebeln darauf verteilen.

5 Den Backofen auf 200–220 °C (Umluft 180–200 °C) vorheizen. Das Ei mit 125 ml Milch verquirlen und über die Zwiebeln gießen, danach Kümmel darüberstreuen. Im vorgeheizten Backofen ca. 45 Minuten backen. Am besten schmeckt der Kuchen heiß aus dem Ofen.

Fügt man den Gemüsezwiebeln noch rote und Frühlingszwiebeln hinzu, erhält der Blechkuchen neben seinem hervorragenden Geschmack auch eine sehr ansprechende Optik.

SIMSON

Süßspeisen, Kuchen & Getränke

Auflauf von Äpfeln und Brot

Eine von vielen Backideen, die im Zuge der Resteverwertung entstanden sind.

Zutaten

500 g Brot (halb Schwarz- oder Grau-, halb Weißbrot)
125 g Zucker
etwas gestoßene Nelken und Zimt
500 g säuerliche Äpfel
125 g Butter
75 g Korinthen

Zubereitung

1 Das Brot wird zu drei Vierteln gerieben und mit der Hälfte des Zuckers und den Gewürzen vermischt. Das restliche Brot in Scheiben schneiden.

2 Die Äpfel waschen, entkernen und ebenfalls in Scheiben schneiden. Die Hälfte der Butter in einem Topf schmelzen.

3 Von der Brot-Gewürz-Masse wird eine Schicht in eine gefettete Form gegeben. Darauf legt man Butterflöckchen, dann die Apfelscheiben, die Korinthen und den Zucker, jeweils in Schichten. Die letzte Schicht bilden die Brotscheiben.

4 Den Backofen auf 200 °C (Umluft 180 °C) vorheizen. Zum Schluss wird der Auflauf mit zerlassener Butter beträufelt und für ca. 45 Minuten gebacken.

Schleizer Bamser

Wer gerne kräftig, reichlich und süß isst, der hat an diesem Gericht seine Freude. Es wird zwar in die Form von Nudeln gebracht, handelt sich aber letztlich um eine Abart des Kloßes.

Zutaten

750 g gekochte Kartoffeln
750 g mürbe Äpfel
2 Eiweiß
2 Eier
100 g Zucker
150–200 g Mehl
etwas Butterschmalz
60–80 g Butter
Salz
Zucker und Zimt zum Bestreuen

Zubereitung

1 Die Kartoffeln pellen und durch die Kartoffelpresse drücken. Die Äpfel schälen, vom Kerngehäuse befreien und fein schneiden. Die Eiweiße zu Eischnee schlagen.

2 Die Kartoffeln mit den Äpfeln, den Eiern, dem Zucker und einer Prise Salz mischen und den Eischnee unterheben. So viel Mehl hinzufügen, dass sich aus der Masse 2–3 cm dicke Nudeln formen lassen.

3 In einer Pfanne etwas Butterschmalz erhitzen und die Nudeln darin backen. Mit zerlassener Butter begießen und im Backofen kurz überbacken. Mit Zucker und Zimt bestreuen und heiß servieren.

Honignudeln mit Mohn und Äpfeln

Dieses raffinierte Rezept kombiniert Honig, Mohn, Nudeln, Äpfel und weitere Zutaten so, dass schon das Auge mitisst.

Zutaten

12 Maraschinokirschen
1 EL Honig
400 g gekochte Nudeln (möglichst hausgemacht)
30 g gemahlener Mohn
50 g Sultaninen
2 mittelgroße Äpfel
Saft von ½ Zitrone
80–100 g geschlagene Sahne

Zubereitung

1 Die Hälfte der Kirschen halbieren. Den Honig mit ein wenig Wasser verdünnen und mit den Nudeln, dem gemahlenen Mohn, den halbierten Kirschen und den Sultaninen locker vermischen. Die Nudeln danach in eine Glasschüssel füllen.

2 Die Äpfel waschen, entkernen, vierteln und dann raspeln. Die Apfelraspel mit dem Zitronensaft beträufeln und auf die Nudeln geben.

3 Als Abschluss vollenden einige Tupfer geschlagene Sahne und eine aufgesetzte Maraschinokirsche die Süßspeise.

Die angegebenen Maraschinokirschen können auch durch Beeren ersetzt werden. Achten Sie darauf, dass ein harmonisches Farbspiel gegeben ist.

NUDELN

Kirschpfanne

Ob als kalter Snack für unterwegs oder frisch und heiß aus dem Ofen – dieser Auflauf lässt die Herzen von Naschkatzen höher schlagen.

Zutaten

5 Eier
250 g Mehl
½ TL Backpulver
500 ml Milch
2–3 EL Butter
750 g entsteinte Kirschen
125 g Zucker
6–8 Brötchen (in Scheiben geschnitten)
Zimt
Salz

Zubereitung

1 Die Eier trennen und die Eiweiße steif schlagen.

2 Das Mehl mit dem Backpulver, den Eigelben, einer Prise Salz und 300 ml Milch verquirlen. Danach das steif geschlagene Eiweiß vorsichtig unter den Teig rühren.

3 Den Backofen auf 180 °C (Umluft 160 °C) vorheizen. Die Hälfte des Teiges in eine gebutterte Springform oder eine feuerfeste Glas- oder Porzellanform füllen und ca. 8–10 Minuten im vorgeheizten Backofen vorbacken.

4 Die Kirschen mit 75 g Zucker vermischen, auf dem leicht gebackenen Teig verteilen und den restlichen Teig darüber gießen. Die Brötchenscheiben in die restliche Milch tauchen und den Teig damit belegen. Zum Schluss noch mit Zucker und Zimt bestreuen und für weitere 20 Minuten goldgelb backen.

Auch mit Äpfeln oder Birnen schmeckt dieser Auflauf köstlich.

Mit Vanillesoße kann man diese Süßspeise noch veredeln.

Frühstückskuchen

Dies ist einer der einfachen „trockenen" Kuchen, die man in Thüringen gerne zum Morgenkaffee isst.

Zutaten

500 g Mehl
130 g Zucker
½ TL Salz
100 g zimmerwarme Butter
250 ml Milch
(zusätzlich etwas Milch für den Belag)
25 g Hefe
70–100 g Zucker

Zubereitung

1 Das Mehl sieben, 30 g Zucker und das Salz einstreuen sowie die Butter in Flöckchen dazugeben.

2 Die Milch leicht erwärmen, die Hefe hineinbröckeln, lauwarm verquirlen und einige Minuten abgedeckt stehen lassen. Anschließend beides nach und nach in das Mehl rühren und dabei kräftig schlagen. Zuletzt die Masse mit der Hand kneten und in einer mit Mehl bestäubten Schüssel 1 ½–2 Stunden gehen lassen. Dann den Teig nochmals durchkneten.

3 Zuletzt rollt man den Teig auf einem gefetteten Blech aus und lässt ihn über Nacht stehen. Am nächsten Morgen den Backofen auf 180 °C (Umluft 160 °C) vorheizen. Den Kuchen mit Milch bestreichen, mit dem restlichen Zucker bestreuen und 15 Minuten backen. Frisch aus dem Ofen schmeckt der Kuchen am besten.

Die ersten „Kuchen" in Thüringen waren bescheidene Gebäcke, der im Topf verbliebene festgebackene Bodensatz der Mehlsuppe und des Mehlbreis. Auch die ersten richtigen Kuchen waren meist einfache, in der Pfanne gebackene Striezel.

Kaffee

Suhler Rahmkuchen

Die thüringische Regionalküche ist vor allem für ihre gehaltvollen Kuchen berühmt. Dieser üppige Rahmkuchen ist auch nicht gerade Magerkost – schmeckt aber umso köstlicher!

Zutaten für 1–2 Bleche

Für den Teig:
500 g Mehl
50 g Zucker
1 Prise Salz
100 g weiche Butter oder Margarine
125 ml lauwarme Milch
30 g Hefe

Für den Belag:
1 l Milch
100 g Zucker
2 Päckchen Vanillepuddingpulver
800 g Sultaninen
3 Eier
3 EL Zucker
500 ml Crème double

Zubereitung

1 Für den Teig das Mehl sieben, den Zucker und das Salz einstreuen sowie die Butter in Flöckchen dazugeben.

2 Die Milch leicht erwärmen, die Hefe hineinbröckeln, lauwarm verquirlen und einige Minuten abgedeckt stehen lassen. Anschließend beides nach und nach in das Mehl rühren und dabei kräftig schlagen. Zuletzt die Masse mit der Hand kneten und in einer mit Mehl bestäubten Schüssel 1 ½–2 Stunden gehen lassen. Dann den Teig nochmals durchkneten. Zuletzt rollt man den Teig auf einem gefetteten Blech aus und lässt ihn nochmals gehen.

3 Für den Belag aus der Milch, dem Zucker und dem Puddingpulver einen Pudding kochen, abkühlen lassen und auf den Teig streichen. Die Sultaninen waschen, abtrocknen und auf dem Puddingbelag verteilen.

4 Den Backofen auf 200 °C (Umluft 180 °C) vorheizen. Die Eier und 3 Esslöffel Zucker verquirlen, unter die Crème double rühren und die Sultaninen damit bedecken. Im vorgeheizten Backofen ca. 45 Minuten backen.

Bei dörflichen Festen wird der Erfolg häufig an der Menge und Güte der Kuchensorten gemessen. Die Folge ist ein wahrer Kuchenkult: Zur Kirmes oder Hochzeit werden dann schon einmal bis zu hundert Kuchen aufgefahren.

Rahmstreuselkuchen

Dieser Kuchen gehört in Thüringen zur Kategorie der „trockenen" Kuchen, obwohl er kein bisschen trocken ist.

Zutaten

Für den Teig:
500 g Mehl
50 g Hefe
125 ml lauwarme Milch
100 g Zucker
1 gestrichener TL Salz
1 Päckchen Vanillezucker
etwas Zitronenabrieb einer unbehandelten Zitrone
150 g weiche Butter oder Margarine

Für die Streusel:
250 g Butter
200 g Zucker
350 g Mehl
1 Päckchen Vanillezucker
1 Prise Salz
1 Prise Backpulver
250 g saure Sahne
Puderzucker

Zubereitung

1 Einen Hefeteig zubereiten (siehe Seite 152) und gut gehen lassen. Auf einem gefetteten Blech ausrollen und mit einer Gabel mehrmals anstechen. Dann mit etwas Milch bestreichen.

2 Die Zutaten für die Streusel miteinander vermengen und die Masse gleichmäßig auf dem Teig verteilen. Den Backofen auf 200 °C (Umluft 180 °C) vorheizen. Den Kuchen nochmals gehen lassen und ca. 20 Minuten backen.

3 Nun den Kuchen herausnehmen und sofort die saure Sahne darüber geben. Den Kuchen weitere 5 Minuten backen und nach dem Erkalten mit Puderzucker bestreuen.

Wenn Sie diesem Rezept einen besonderen Pfiff verleihen möchten, fügen Sie den Streuselzutaten einfach eine Prise Zimt hinzu.

ZUCKER

Rupfkuchen

Obwohl bei der Herstellung dieses Kuchens gezupft wird, heißt er Rupfkuchen. Als typischer Vertreter der thüringischen Kuchenbäckerei ist er besonders üppig belegt.

Zutaten für 1 Blech

Für den Teig:
500 g Mehl
30 g Zucker
½ TL Salz
100 g zimmerwarme Butter
250 ml Milch
25 g Hefe

Für den Belag:
500 ml Milch
1 Päckchen Vanillepudding
125 g Rosinen
100 g geschälte, gehackte Mandeln
2 Gläser herbes Obst, z. B. Sauerkirschen oder Stachelbeeren
250 g Kokosraspel
250 g Zucker
100 g Mehl
1 Ei
125 g Butter
500 g saure Sahne
Zucker oder Schokoladenguss

Zubereitung

1 Für den Teig das Mehl sieben, den Zucker und das Salz einstreuen sowie die Butter in Flöckchen dazugeben. Die Milch leicht erwärmen, die Hefe hineinbröckeln, lauwarm verquirlen und einige Minuten abgedeckt stehen lassen. Anschließend beides nach und nach in das Mehl rühren und dabei kräftig schlagen. Zuletzt die Masse mit der Hand kneten und in einer mit Mehl bestäubten Schüssel 1 ½–2 Stunden gehen lassen.

2 Dann den Teig nochmals durchkneten, auf einem gefetteten Blech ausrollen und erneut ca. 2 Stunden gehen lassen.

3 Für den Belag aus der Milch und dem Puddingpulver einen Pudding kochen und abkühlen lassen. Die Rosinen und die Mandeln untermischen und die Puddingmasse auf dem Teig verteilen. Mit Stachelbeeren oder Sauerkirschen belegen.

4 Den Backofen auf 200 °C (Umluft 180 °C) vorheizen. Aus den Kokosraspeln, dem Zucker, dem Mehl, dem Ei, der Butter und der sauren Sahne eine Masse herstellen, von der kleine Häufchen „gezupft“ und auf dem Obst verteilt werden. Im vorgeheizten Backofen 20–30 Minuten backen, bis er goldgelb gebräunt ist. Nach dem Erkalten mit Zucker bestreuen oder Schokoladenguss darüber träufeln.

Mit Stachelbeeren erhält der Kuchen eine feinherbe, säuerlich-fruchtige Note. Sie sind neben schwarzen Johannisbeeren und Holunder eine typische Beerenfrucht in den Gärten Thüringens.

Schittchen

Diese süßen Brote ähneln den allseits bekannten Weihnachtsstollen. Sie heißen in Mittelthüringen „Schittchen", was so viel wie „kleines Scheit" bedeutet.

Zutaten

500 g Rosinen
2 EL Rum
1,5 kg Mehl
ca. 500 ml Milch
60 g Hefe
300 g Zucker
750 g Butter oder Margarine
250 g Mandeln
abgeriebene Schale einer unbehandelten Zitrone
1 TL Salz
50 g Butter
Puderzucker

Zubereitung

1 Die Rosinen mit dem Rum beträufeln. Das Mehl auf eine bemehlte Arbeitsfläche geben und in die Mitte eine Mulde drücken. 250 ml lauwarme Milch und 1 Esslöffel Zucker mit der Hefe verrühren, in die Mulde gießen und mit etwas des umgebenden Mehls vermischen.

2 Wenn der Vorteig leicht gegangen ist, mit dem restlichen Mehl, der Milch, dem Zucker und der Butter zu einem Teig verarbeiten, mit einem Tuch abdecken und gut gehen lassen.

3 Dann nach und nach alle Zutaten hineinkneten, wieder gut gehen lassen und nochmals durchkneten. Den Backofen auf 190 °C (Umluft 170 °C) vorheizen. Den Teig zu „Schittchen" formen und ein weiteres Mal gehen lassen. Danach im vorgeheizten Backofen ca. 1 Stunde backen. Zum Schluss noch mit zerlassener Butter bestreichen und mit Puderzucker bestreuen.

In der thüringischen Stadt Naumburg wurden die „Schittchen" 1329 zuerst erwähnt. Damals erhielten die Naumburger Bäcker das Recht, eine Bäckerinnung zu gründen und das Privileg, ein Stollengebäck herzustellen.

Schneewittchenkuchen

Dieser verführerische Kuchen ist andernorts auch unter dem Namen „Donauwelle" bekannt. Was man bei seinem Anblick auch assoziieren mag – sicher ist, dass einem das Wasser im Munde zusammenläuft!

Zutaten für 1 Blech

Für den Teig:
300 g weiche Butter oder Margarine
300 g Zucker
5 Eier
300 g Mehl
1 Päckchen Backpulver
50 g Kakao
2 Gläser Sauerkirschen ohne Kerne

Für die Creme:
1 Packung Vanillepuddingpulver
500 ml Milch
50 g Zucker
150–250 g weiche Butter
Schokoraspeln nach Belieben

Zubereitung

1 Die Butter oder Margarine schaumig rühren, nach und nach den Zucker und die Eier dazugeben. Das gesiebte Mehl mit dem Backpulver vermischen, dazugeben und alles gut zu einem Teig verrühren. Die Hälfte des Teigs mit dem Kakao mischen.

2 Den Backofen auf 180 °C (Umluft 160 °C) vorheizen. Auf ein gefettetes Blech mit hohem Rand zuerst den Kakaoteig, dann den restlichen Rührteig streichen. Die Kirschen gut abtropfen lassen, den Teig damit belegen und 40–45 Minuten backen.

3 Das Puddingpulver nach Packungsanweisung mit der Milch und dem Zucker zu einem Pudding verarbeiten. Die Butter cremig rühren und mit dem abgekühlten Pudding vermischen. Achtung: Die Butter und der Pudding müssen die gleiche Temperatur haben. Nach dem Erkalten den Kuchen mit der Buttercreme bestreichen und mit Schokoraspeln garnieren.

Weiß wie Schnee, rot wie Blut und schwarz wie Ebenholz – offensichtlich trägt dieser leckere Kuchen seinen Namen zu Recht! Die Thüringer hatten schon immer einen ausgeprägten Sinn für Romantik, wie man an den vielen überlieferten Märchen und Sagen erkennen kann.

KAKAO

Zwetschgenkuchen mit Leinöl

Dieses Rezept darf in keinem thüringischen Kochbuch fehlen, denn der Zwetschgenkuchen selber wurde und wird zu Festen wie Hochzeiten oder Kirmes fast erwartet.

Zutaten

500 g Weizenmehl
5 g Hefe
125 ml Milch
200 g weiche Butter oder Margarine
200 g Zucker
2 Eier
1 Prise Salz
1 kg Zwetschgen
50–100 ml Leinöl

Zubereitung

1 Wie unten in der Schritt-für-Schritt-Anleitung beschrieben einen Hefeteig herstellen. Den Hefeteig gut durchkneten und ca. 1 cm dick auf einem gut gefetteten Kuchenblech ausrollen.

2 Den Backofen auf 180 °C (Umluft 160 °C) vorheizen. Die Zwetschgen waschen, abtrocknen, entsteinen und in Viertel schneiden. Den Hefeteig mit den Vierteln belegen und mit dem Leinöl beträufeln. Den Kuchen dann ca. 35–40 Minuten backen und zum Schluss mit Zucker bestreuen.

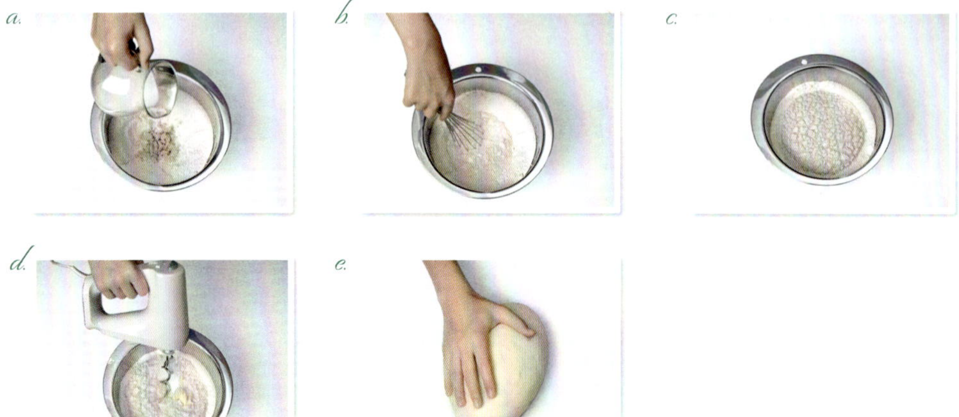

Bild a: In die Mitte des Mehls eine Mulde drücken und zerbröckelte Hefe sowie Milch hineingeben.
Bild b: Mit ein wenig des Mehls zu einem Vorteig verrühren und gehen lassen.
Bild c: So sieht der Vorteig aus, wenn er gegangen ist.
Bild d: Die restlichen Zutaten hineingeben, alles gut verrühren und erneut gehen lassen.
Bild e: Zum Schluss den Teig mit den Händen bearbeiten.

Sommerliche Tomatenkaltschale

Ein Dessert der etwas anderen Art: Überraschen Sie Ihre Gäste doch einmal mit dieser leicht alkoholischen Kaltschale!

Zutaten für 6 Personen

100 g Reis
2 kg gut ausgereifte Tomaten
80–120 g Zucker
1 Msp. Zimt
10 Nelken
Schale einer unbehandelten Zitrone
1 Flasche Weißwein oder Apfelwein
40 g Kartoffelstärke
½ Flasche Schaumwein

Zubereitung

1 Den Reis körnig kochen und kalt stellen.

2 Die Tomaten gut waschen und den Stielansatz entfernen. Anschließend mit Wasser bedeckt unter Zugabe von etwas Zucker – je nach Geschmack –, dem Zimt, den Nelken und der Zitronenschale zerkochen lassen. Danach durch ein feines Sieb streichen und mit dem Weiß- oder Apfelwein auffüllen. Das Ganze kurz aufkochen, mit der Kartoffelstärke leicht sämig binden und dann kalt stellen.

3 Vor dem Anrichten noch einmal abschmecken, mit dem Schaumwein versetzen und in gekühlten Gläsern mit dem Reis als Einlage servieren.

Einige Spritzer Kirschlikör und ein Tupfer süßes, steif geschlagenes Eiweiß werten dieses sicher nicht alltägliche Dessert optisch und geschmacklich auf.

Fast drei Viertel der Gewächshausfläche in Thüringen dienen dem Anbau von Tomaten. Das entspricht einer Erntemenge von mehr als 10 000 Tonnen.

Weinäpfel mit Maraschinokirschen

Ob Dessert oder köstliche Nascherei für zwischendurch – eine Gaumenfreude sind diese Äpfel allemal.

Zutaten

4 große Äpfel
30 g Butter
Saft von 1 Zitrone
10 cl Weißwein
½ Glas Maraschinokirschen
50 g Sauerkirschmarmelade oder -konfitüre
Puderzucker
Zimt

Zubereitung

1 Die Äpfel schälen, vom Kerngehäuse befreien und in eine gebutterte Glasform setzen. Anschließend mit Zitronensaft und Weißwein begießen. Mit aufgesetztem Deckel und bei mittlerer Hitze ziehen lassen, doch die Äpfel nicht zu weich werden lassen.

2 Die Maraschinokirschen halbieren, mit der Konfitüre vermischen und in die Äpfel füllen. Das Ganze leicht mit Puderzucker und Zimt bestäuben und heiß servieren.

3 Anstelle der Maraschinokirschen eignen sich auch entsteinte Sauerkirschen, die mit etwas Weinbrand aromatisiert werden.

Gut gekühlt sind die Weinäpfel ein leckerer Nachtisch – insbesondere unter Zugabe einer Vanille- oder Schokoladensoße.

Verschiedene Nüsse, Rosinen und ein wenig Zimt eignen sich auch hervorragend als Füllung.

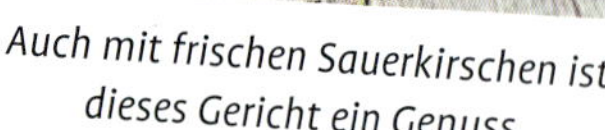

Auch mit frischen Sauerkirschen ist dieses Gericht ein Genuss.

Register

Dieses Buch des Autors Werner Herrmann ist ursprünglich in der erfolgreichen Buchreihe „Kulinarische Streifzüge" der Sigloch Edition erschienen, wurde von uns aktualisiert und damit zu neuem Leben erweckt.

Genehmigte Lizenzausgabe
tosa GmbH
Industriestraße 19
64407 Fränkisch-Crumbach 2019
www.tosa-verlag.de

Projektleitung:
Sonja Sammüller
Layout, Satz und Umschlaggestaltung:
design cat GmbH

ISBN 978-3-86313-845-5

Bildnachweis
Shutterstock: 5 second Studio 124; Africa Studio 36, 68, 78, 114; Ahanov Michael 80; Alice-D 10; AS Food studio 30; Animaflora PicsStock 98; Anatolii Riepin 52; Annette Shaff 142; Arina_C 138; A. Zhuravleva 126; Anastasiia Markus 128; Alena Haurylik 112; AVN Photo Lab 84; Aleksandrs Samuilovs 64; AlexBuess 76; beats1 153; Bernd Juergens 74; Budimir Jevtic 94; beats1 54; CGissemann 56; Canon Boy 106; Candid68 80; Cesare Andrea Ferrari 17; canadastock 4, 6, 17; ChWeiss 18; Christian Jung 156; Dar1930 102; Dmitriy Gutkovskiy 124; Dariia Belkina 60; Dream79 48; Edith Czech 2; Eskymaks 104; Elena Veselova 45; Elena Zajchikova 64; Everett Collection 116; esherez 40; Feel good studio 86; Fradkina Victoria 24; Gamzova Olga 74; givaga 38; gibleho 32; GoodMood Photo 25; Georgios Kollidas 60; Goskova Tatiana 50; gkrphoto 156; Gayvoronskaya_Yana 144; HandmadePictures 38, 40, 66; Ildi Papp 66; Iakov Filimonov 13; IURII BURIAK 4, 13; istetiana 31; Jiri Hera 104; Julia Lototskaya 90; Ja'Crispy 9; Kingarion 154; Kostiantyn Kravchenk 146; Kateryna Bibro 130; Lisa Mar 50; LaMiaFotografia 12; Lisovskaya Natalia 120; LightField Studios 82; Monika Hunackova 8; MaraZe 156; Mattis Kaminer 148; MaraZe 138; magnola 54; Maren Winter 42; Milos Batinic 42; nazarovsergey 70; nitpicker 5, 26, 159; Nicole Kwiatkowski 20; Nitr 118; Nicoleta Ionescu 150; Orilfergan 29; Olha Afanasieva 44; PI 72; primopiano 5, 36, 42, 44, 46, 50, 54, 56, 58, 60, 64, 70, 72, 74, 76, 78, 80, 82, 84, 86, 88, 90, 94, 96, 98, 102, 110, 112, 114, 116, 118, 120, 122, 124, 128, 130, 136, 140, 142, 144, 146, 148, 150; Polukarova Anna 140; ricok 122; rocharibeiro 40; rkl_foto 102; Seregam 8; Sokor Space 92; Siegi 88; symbiot 68; Shulevskyy Volodymyr 154; Svetocheck 8; Stokkete 5, 16; Serg Zastavkin 5, 14; Shaiith 136; travelview 22; TIvanova 29; Uta Scholl 96; Uwe Aranas 25; U.J. Alexander 21; Volga 58; VDB Photos 17; Viacheslav Rubel 30; Viktor1 52; Vladimir1984 46; Viktoriya Podgornaya 110; Wedding and lifestyle 126; wideonet 36

design cat GmbH, SIGLOCH EDITION: 34-35, 37, 39, 41, 43, 45, 47, 49, 51, 53, 55, 57, 59, 61, 62-63, 65, 67, 69, 71, 73, 75, 77, 79, 81, 83, 85, 87, 89, 91, 93, 95, 97, 99, 101, 103, 105, 107, 108-109, 111, 113, 115, 117, 119, 121, 123, 125, 127, 129, 131, 132-133, 135, 137, 139, 141, 143, 145, 147, 149, 151, 153, 155, 157